歴史文化ライブラリー
567

王朝貴族と外交
国際社会のなかの平安日本

渡邊 誠

吉川弘文館

目　次

本書での史料の引用は読みやすいように原則として現代語に意訳して示している。そのため、必ずしも原文に忠実であるとはかぎらない。

また、日本史に関わる年の表記は和暦を主として、小見出しごとの初出に西暦を並記した。ただし、本書の叙述は複数の国々にわたっており、日本以外の国も同様に当該国の年号で表記すると非常に煩雑で理解しづらい。そのため、日本以外の諸地域の歴史を叙述するときは西暦のみで表記した。

歴史用語の漢字のふりがなは、中国・朝鮮のものも一部の慣例的な読みを除いて原則として日本語読みに統一した。

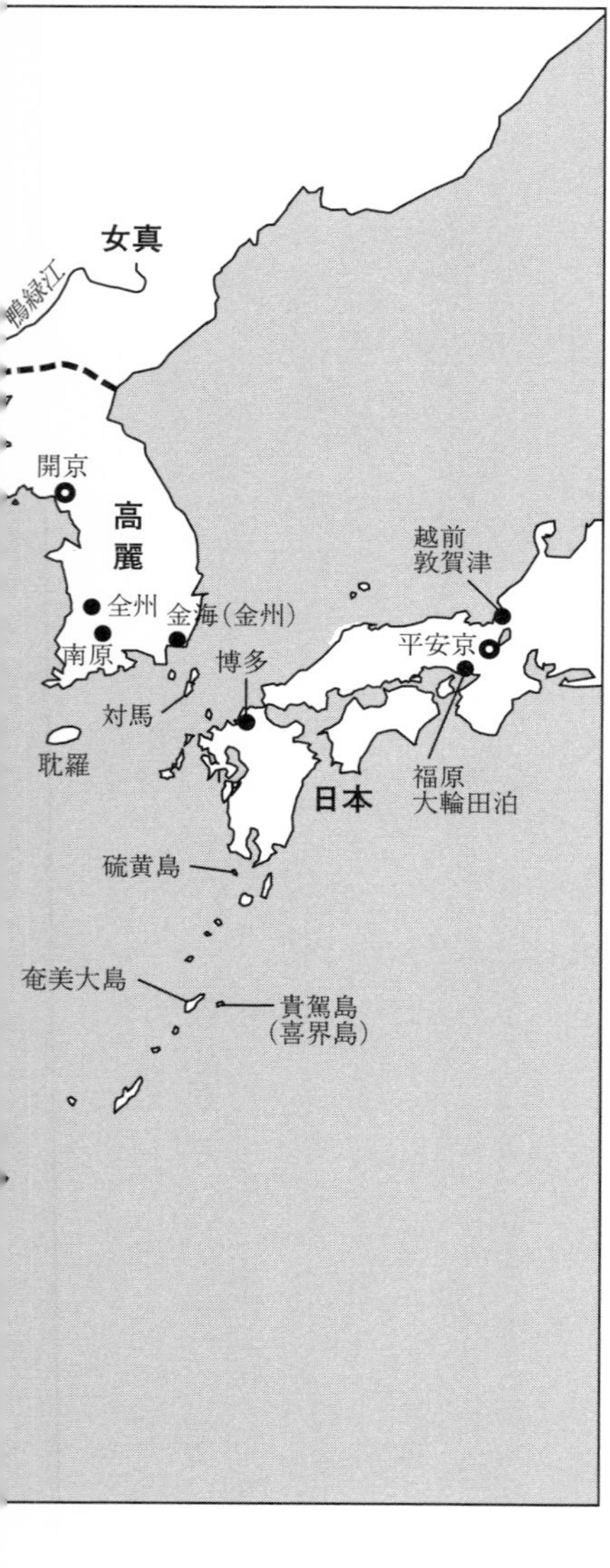
女真
鴨緑江
開京
高麗
全州
南原
金海（金州）
対馬
耽羅
博多
越前
敦賀津
平安京
福原
大輪田泊
日本
硫黄島
奄美大島
貴駕島
（喜界島）

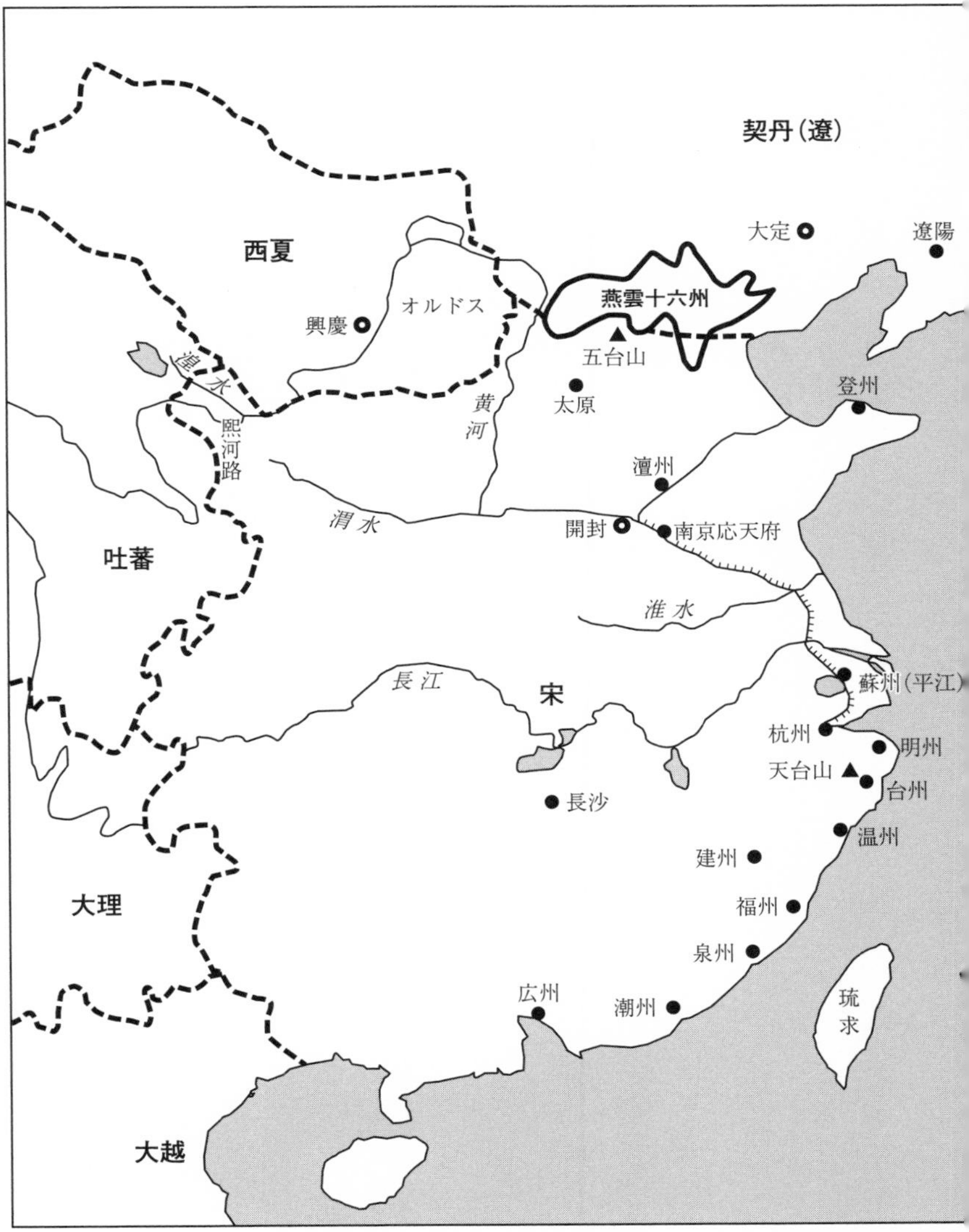

図1　北宋期の日本と東アジア

平安時代の歴史像と対外世界——プロローグ

1　平安時代の歴史像と対外世界

平安時代の貴族のイメージ

読者の皆さんは「平安時代《へいあんじだい》」「王朝貴族《おうちょうきぞく》」と聞いてどのようなイメージを抱くだろうか。『源氏物語《げんじものがたり》』のなかで繰り広げられる貴族社会の雅《みやび》な人間模様、絵巻物《えまきもの》に描かれた華やかで優美な宮廷文化。それとは裏腹に、中国の先進的な制度を早熟的に取り入れた律令制《りつりょうせい》は衰退して国家の仕組みは崩壊してしまい、摂関期《せっかんき》には藤原氏が、院政期《いんせいき》には院（上皇）が自己の利益のために権力を振るって専横を極め、実際の政治は顧みられることなく先例に囚われてただただ形式的なものとなり、貴族たちは無意味な儀式にかまけて詩歌管弦《しいかかんげん》に興ずるばかり。貴族・官人にとって「政治」と言えば陰湿な権力闘争の謀《はかりごと》か権力者におもねる腐敗したものとなり、国家統治のための政策に対する関心は低く、やがては武士《ぶし》に政権の座を奪われて失墜する、といったところだろうか。

国内政治に対するイメージがこのようなものであったとすれば、本書がテーマとする平安時代の「外交」はもっと印象が薄いだろう。四〇〇年の長きにわたる平安時代の初期には遣唐使《けんとうし》の派遣があり、空海《くうかい》・最澄《さいちょう》が唐で密教《みっきょう》を学んで帰国して日本に真言宗《しんごんしゅう》・天台《てんだい》宗《しゅう》を開くなど、中国からの文化的な影響も大きかった。しかしその遣唐使も「白紙に戻そう遣唐使」の語呂合わせで有名な菅原道真《すがわらのみちざね》の提案によって寛平《かんぴょう》六年（八九四《894》）に「廃止」されると、十世紀以降は海外との国交はなくなって中国文化の流入も途絶え、その影響から抜け出した日本独自の「国風文化《こくふうぶんか》」が花開く。それ以後の海外との関係は刀伊《とい》の入寇《にゅうこう》などがトピックス的に取り上げられる程度で具体的なイメージに乏しく、平安末期になってようやく平清盛《たいらのきよもり》が現れて、大輪田泊《おおわだのとまり》を修築して積極的に貿易の振興を図ったとされる。その対外姿勢は「開明的」な政策として高く評価され、それまでの貴族の「閉鎖的」「消極的」な因習的態度との対比でクローズアップされる。このような認識で平安時代をとらえていた場合、「王朝貴族」の「外交」をテーマとする本書で何がどのように論じられるのか、皆目見当も付かないかもしれない。

現在の研究水準と本書の課題

上記の平安時代の一般的なイメージは近代的な学術研究が始まった明治期以来の伝統的なもので、私が高校生の時に習ったのも、おおむねこのような歴史像だった。今でも同じように教わっている高校生も多いかもしれない。しかし現在の研究はいつまでも旧態依然とした歴史認識にとどまっているわけではない。

律令制が衰退したあとも、それとは異なる仕組みに形を変えながら国家の統治機構は厳然と存在して機能していた。平安時代の華やかな宮廷文化はその基盤のうえに成立したものである。貴族たちは国家支配を維持することで全国から租税を集めて日々の儀式を滞りなく執行できるよう努めた。政治に無関心な貴族という理解はすでに過去のものとなっている。故実先例《こじつせんれい》に執着して、現代の眼からみれば意味がないようなことを重視する貴族の姿に政治の衰退を見出してきたのは、当時の貴族の価値観・規範意識とそれに基づく政治・社会の仕組みを理解しないために生じた誤解であった。

外交に対する貴族の姿勢もそうした認識に立って再考されなければならない。一見「消極的」「閉鎖的」に見える貴族の態度の裏にどのような判断があり、その判断はどのような国際的な立ち位置のもとで下されたものだったのか。本書では平安時代の外交交渉の具体例を通じてこの課題について考えてみたい。その考察を通じて、国際社会のなかで平安時代の日本が有した歴史的特質もみえてくるだろう。また、その延長線上には蒙古襲来《もうこしゅうらい》に対する日本の姿勢も視野に入ってくる。本書の表題を「平安貴族」とせず「王朝貴族」としたのは鎌倉時代《かまくらじだい》まで見通してみようという意図を込めてのことである。

「遣唐使の廃止」の虚実

旧来の十世紀以降の対外関係のイメージを決定づけているのは「遣唐使の廃止」であろう。私が高校生の時に使用していた教科書『新詳説日本史　改訂版』（山川出版社、一九九一年三月検定済）には「九世紀末には、遣唐使が廃止され、それまでさかんに吸収してきた唐の文物の影響がおとろえた」と書いてあった。ここでいう「廃止」には〝制度の廃止〟という意味が含まれている。今後はもう遣唐使を派遣しないという意志決定が下された、ということである。しかし、実は近年の教科書では「廃止」という表現は使われなくなっている。いま手元にある二〇一六年三月検定済の山川出版社の日本史B教科書『詳説日本史　改訂版』を見てみると、「八九四（寛平六）年に遣唐大使に任じられた菅原道真は、（中略）派遣の中止を提案し、結局、この時の遣唐使は派遣されずに終わった」という少々回りくどい表現になっている。

寛平の遣唐使派遣計画は、唐末に割拠した地方勢力の一人、温州刺史《おんしゅうしし》の朱褒《しゅほう》が、当時在唐していた中瓘《ちゅうかん》という日本人僧を通じて、日本に対して唐朝への朝貢を斡旋《あっせん》してきたことをきっかけとして、寛平六年七月頃に派遣が決定されたものであったが、その大使に

図２　遣唐使船（『華厳宗祖師絵伝』より，高山寺所蔵，京都国立博物館提供）

任じられた菅原道真は九月十四日付けで「諸公《く》卿《ぎょう》をして遣唐使の進止《しんし》を議定《ぎじょう》せしめむを請《こ》うの状」という建議書を提出して派遣の再考を求めた。そこには、「古い記録を検討しましたところ、たびたびの遣唐使では、ある者は海を渡る途中で命を落とし、ある者は賊に遭遇することもありましたが、これまで到着した唐で険しい道のりや飢えと寒さに苦しむことはありませんでした。ところが中瓘が知らせてきたこと（唐国内の兵乱による衰退した状況）によりますと、これまでにはなかったようなこと（難阻《なんそ》飢《き》寒《かん》の悲しみ）も起こりうることが容易に推察されます。道真らが伏して願いますには、中瓘の書状を広く貴族や博士に下して詳細に彼の意見（遣唐使の派遣はやめたほうがよい、という中瓘の意見）の可否を審議してくださいますように」

とある。ここで道真が提案しているのは、唐国内の安寧ならざる状況を憂慮して、今次に計画された遣唐使の派遣を見直すこと、ひいては計画を中止することであって、それ以降の将来にわたってまで派遣すべきか否かを問い直そうとする意図はない。「遣唐使の廃止」は行きすぎた解釈である。まして、この頃の日本はすでに唐の文化を十分に摂取し終えていて必ずしも必要ではなかったから遣唐使を廃止した、などという議論は史料に基づかない想像にすぎない。

また、教科書が「結局、……派遣されずに終わった」としているのも、結果的にそうなった、というほどの意味で、教科書には「中止」すら提案されただけで決定されたとは書いていないことに注意してほしい。これは単なる言い回しの問題ではなくて、意識的に選択された意図ある表現なのである。

遣唐使の終焉が寛平六年とされてきたのは、正史の欠を補う重要な歴史書である『日本《にほん》紀略《きりやく》』の寛平六年九月の条文の末尾に「其《そ》の日、遣唐使を停《や》む」とあることによる。しかし、ここにいう「其の日」は「某日《ぼうじつ》」（ある日）の意味で、特定の日を意味しない。何か明確な中止決定の証拠があって記された条文ではないらしい。『日本紀略』の編者は同年八月二十一日の条文に遣唐大使・副使の任命を記したものの、結局は派遣されることなく終わった結末を記さないままでは収まりが悪い。そのため、道真の建議のなかに中瓘の意見として記されていた文言「入唐《にっとう》の人を停めよ」を参考にして「遣唐使を停む」という記事を作成して、とりあえず派遣再考の建議のあった月の末尾に挿入した。実は、この条文はその程度のもので、この時に遣唐使の派遣中止が決定された証拠は何もなく、あくまで『日本紀略』編者の作文にすぎないことが石井正敏氏によって指摘されている（「いわゆる遣唐使の停止について」『中央大学文学部紀要』史学三五、一九九〇年。『石井正敏著作集』第二巻所収）。「中止された」と書かない近年の教科書の記述はこの研究成果を反映したものなのである。なお、基本史料の解釈の現在における到達点は滝川幸司氏が示している（「菅原道真と遣唐使（一）」『詞林』六五、二〇一九年）。詳しく知りたい読者はそちらを確認してほしい。

寛平の遣唐使派遣計画の実像

もっとも、同じ教科書のなかでも奈良時代の遣唐使を説明した項目の注ではいまだに「菅原道真の建議で停止」と書かれているし、世界史Bの教科書『詳説世界史　改訂版』（山川出版社、二〇一六年三月検定済）にも「九世紀の末には（中略）遣唐使が停止され」と書いてある。ここでの「停止」は「廃止」と同様に寛平の計画のみならず今後の遣唐使そのものの派遣を取りやめる意味で使用されている。平安時代の対外関係史を専門とする研究者以外には制度の「廃止」「停止」という表現を避けようとする意識は必ずしも浸透していない。他分野の研究書で

図3　宇多法皇（仁和寺所蔵）

は今なお「遣唐使の廃止」という表現をしばしば目にする。

　しかし、事実を述べるならば、寛平六年（八九四）からあとも計画は破棄されることなく生きていた。遣唐大使に任命された菅原道真は寛平九年に権《ごん》大納言《だいなごん》に昇進して大使の任を解かれるまでその肩書きを名乗り続けていたし、遣唐副使の紀長谷雄《きのはせお》にいたっては延喜《えんぎ》二年（九〇二）の参議《さんぎ》昇進までその地位にあり続けた。そして、この計画を決定した宇多《うだ》天皇こそが遣唐使の派遣に意欲を燃やす計画の推進者であった。

　菅原道真が派遣の再考を求めてから二年後の寛平八年に宇多天皇は李環《りかん》という唐人《とうじん》を京に召して面会している。李環は当時日本の貿易港だった博多津《はかたつ》に滞在していた貿易商人で、後年には大宰府《だざいふ》の通事《つうじ》（通訳）を務めた人物である。遣唐大使だった道真もこの時に李環と面識をもったらしく、のちに左遷された大宰府の地で李環から贈り物を受け取って詠んだ漢詩が残っている。宇多がこの貿易商人を上京させたのは、かつて承和《じょうわ》元年（八三四）に仁明《にんみょう》天皇が遣唐使を派遣するに当たり、その事前準備として唐人を召した先例にならうもので、ひいては遣唐使実現の可能性を探ろうとしてのことにほかならなかった。そして実は、宇多にとっては遣唐使の計画自体が祖父仁明の先蹤《せんしょう》を追い、その功績を受け継ぐことを意味していた。

河内祥輔《こうちしょうすけ》氏の研究によれば、宇多は即位以前には光孝《こうこう》天皇の子でありながら臣籍《しんせき》に下って源《みなもとの》定省《さだみ》と名乗っており、本来は皇位継承の予定のない存在であった。それが光孝の崩御《ほうぎょ》にともなって関白藤原《かんぱくふじわらの》基経《もとつね》の推挙で急遽、臣籍を削って皇族に復帰して天皇となった。父の光孝もまた、振るまいに問題のあった陽成《ようぜい》天皇に代わって即位した経緯があり、陽成上皇に遠慮して後継者を定めないでいたのである。したがって、本来であれば文徳《もんとく》—清和《せいわ》—陽成と続いた皇統こそが正統であり、イレギュラーで即位した光孝と宇多の皇位は

図4　天皇系図（数字は皇位継承順）

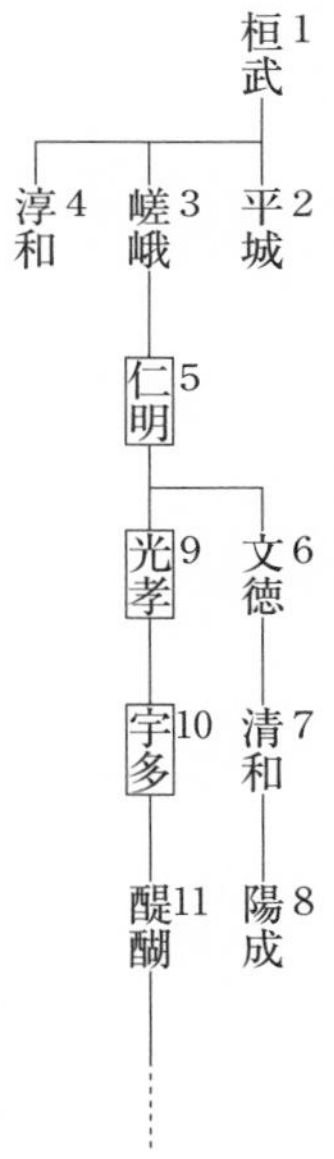

仮初《かりそ》めのものにすぎなかった。そのような脆弱な立場を払拭して、自分こそが正統とする権威を確立するには、文徳から陽成に至る皇統を傍流として退け、仁明天皇まで遡って光孝・宇多がその皇統を受け継ぐ真の皇位継承者であることを標榜《ひょうぼう》する必要があったとされる（『古代政治史における天皇制の論理　増補版』吉川弘文館、二〇一四年）。そのために宇多はしばしば仁明天皇の故事・先例を踏襲し、その政治を手本としたことは所功《ところいさお》氏の研究に詳しい（「菅原道真の配流」太宰府天満宮文化研究所編『菅原道真と太宰府天満宮』上巻、吉川弘文館、一九七五年）。遣唐使の派遣計画もまた、その一例なのである。

遣唐使派遣計画の終焉

九世紀は「唐風文化《とうふうぶんか》」の時代とされる。仁明天皇の治世には遣唐使の派遣やそれにともなって深まった日中交流を通じて中唐の詩人白居易《はっきょい》の詩文集『白氏文集《はくしもんじゅう》』などの多くの文物が日本にもたらされて、その後の文化に多大な影響を与えた。宇多の計画が実現していれば、遣唐使を通じて摂取された新たな中国文化が仁明朝の唐風文化を再現するものとして宮廷文化にさらなる彩りを加えたに違いない。

寛平の遣唐使派遣計画は、宇多が自らの皇統の権威を高めるために企図したものであり、何としても実現したい文化事業であった。だからこそ宇多は「中止」の判断を下さなかった。しかし、唐は八七五年から八八四年まで続いた黄巣《こうそう》の乱《らん》で疲弊して国内が乱れており、日本も打ち続く災害などですぐには準備に取りかかることができない状況であった。遣唐使も大使以下を任命してはみたものの、派遣の期日も定まらないまま先延ばしとなっていた。そうして内外の情勢が整わず時間だけがいたずらに経過するなか、宇多は寛平九年（八九七）に譲位して息子の醍醐《だいご》天皇に計画の実現を託した。

図５　大宰府へ向かう菅原道真（『北野天神縁起絵巻』より，北野天満宮所蔵）

宇多上皇が醍醐天皇に与えた『寛平《かんぴょうの》御《ご》遺《ゆい》誡《かい》』には「外蕃《げばん》の人で必ず召し見るべき者は簾《れん》中《ちゅう》で見よ。直対すべきではない。李環について朕《ちん》（宇多）は失敗した。新君（醍醐）はこれを慎むように」とある。『源氏物語』桐壺《きりつぼ》はこれを「（異国人を）宮《みや》のうちに召さんことは宇多の帝《みかど》の御誡《いまし》めあれば」と書き、後世には天皇が異国人を召すこと自体を禁じたと認識されるようにもなったが、宇多は実際には直接に向き合うことは避けて御簾《みす》越しに見るようにと述べている。これは、醍醐天皇が自分と同じように唐人と面会することを予期して与えた訓誡であった。

ところが、しだいに宇多上皇と醍醐天皇とのあいだには関係に亀裂が生じ、昌泰《しょうたい》四年(九〇一)には宇多の側近であった菅原道真も謀反《むほん》の嫌疑をかけられて大宰府に左遷されてしまう(昌泰の変)。そうして計画の最大の推進者であった宇多の発言力は徐々に失われていった。九〇七年には唐も滅亡して、計画は実現することなく立ち消えとなってしまったのである。

このようにして遣唐使の歴史は終焉を迎えたが、遣唐使が「廃止」されたという事実はなかった。遣唐使を「廃止」して中国文化の影響から抜け出すどころか、むしろ宇多朝には遣唐使の派遣を模索し続け、新たな中国文化の摂取を目指してさえいた。だとすれば、その後の国際社会と日本との関係はどのように理解すべきだろうか。また、唐滅亡後の中国に日本から外交使節を派遣しなかったのはなぜなのだろうか。

「遣唐使の廃止」という歴史観から抜け出して新たな平安時代の国際関係の見取り図を描くために、歴史の海原に漕ぎ出してみよう。

刀伊の入寇と王朝貴族

刀伊の入寇からみた外交関係

刀伊の入寇の経過

まず手始めに、「刀伊《とい》の入寇《にゅうこう》」として知られる、平安時代半ば、十一世紀前半の寛仁《かんにん》三年（一〇一九）に起きた異賊襲来事件をとりあげてみたい。この事件は「平安時代が経験した最も大きな対外的危機」（関幸彦『刀伊の入寇』中央公論新社、二〇二一年）とも評される。そのような事態に直面した貴族の対応のなかには、彼らの抱く対外意識や外交姿勢の一つの典型的なあり方が先鋭的な形で表出している。

寛仁三年三月二十八日、対馬《つしま》が賊船五〇余艘の襲撃を受けたと大宰府に報告した。対馬を襲い三五〇人弱の人々を拉致して銀鉱山を焼いた賊船はさらに壱岐《いき》を襲い、壱岐守《いきのかみ》藤原《ふじわらの》理忠《まさただ》をはじめ多くの島民を殺害するとともに二〇〇〇人を超す女性を拉致していった。

その船の動きは迅速でハヤブサのようであったという。四月七日には賊船が筑前国《ちくぜんのくに》（福岡県）の海上に姿を現し、糸島半島《いとしまはんとう》とそれを挟んだ唐津湾《からつわん》・博多湾《はかたわん》の沿岸を荒らして「人や物を奪い、民宅を焼き」「山に登り野をわたり、馬や牛を斬って食べ、また犬の肉を屠《ほふ》る。老人と児童は皆ことごとく斬り殺す。怯《おび》える男女四、五百人を追いかけて捕まえては船に載せ、各所で穀物を運び去ることはその数を知らないほど多い」という掠奪《りゃくだつ》行為を行った。翌日には賊船が博多湾の入り口に浮かぶ能古島《のこのしま》に集結。九州を統括する地方行政機構の大宰府《だざいふ》も、港を守る防御施設として博多湾奥に設置していた警固所《けごしょ》に前大宰少《さきのだざいのしょう》監大蔵種材《げんおおくらのたねき》ら府官《ふかん》（大宰府官人）級の有力武士を派遣して賊と対峙した。

九日朝、賊船は博多に上陸して警固所や筥崎宮《はこざきぐう》を攻撃したが武士の活躍によって撃退され、それから二日間は強風と高波により能古島に足止めされた。その間に大宰府は兵船を準備するとともに精兵を博多湾から糸島半島の沿岸一帯に展開して再度の襲撃に備えることができた。大宰府軍を指揮した大宰権帥《だざいのごんのそち》（大宰府の長官）藤原隆家《ふじわらのたかいえ》は防備を固める猶予を与えてくれたこの強風を「神明《しんめい》の所為《しょい》か」と評している。

十二日の酉刻《とりのこく》（午後六時頃）、賊は糸島半島西部の志摩郡船越津《しまぐんふなこしつ》に上陸したが、大神守《おおがのもり》宮《みや》と擬検非違使《ぎけびいし》財部弘延《たからべのひろのぶ》がこれを防ぎ、逃げる賊船を前大宰少弐《さきのだざいのしょうに》平致行《たいらのむねゆき》・大蔵種材らの率いる兵船が追撃した。賊船は本国に向けて潰走《かいそう》をはじめたが、権帥藤原隆家は追撃

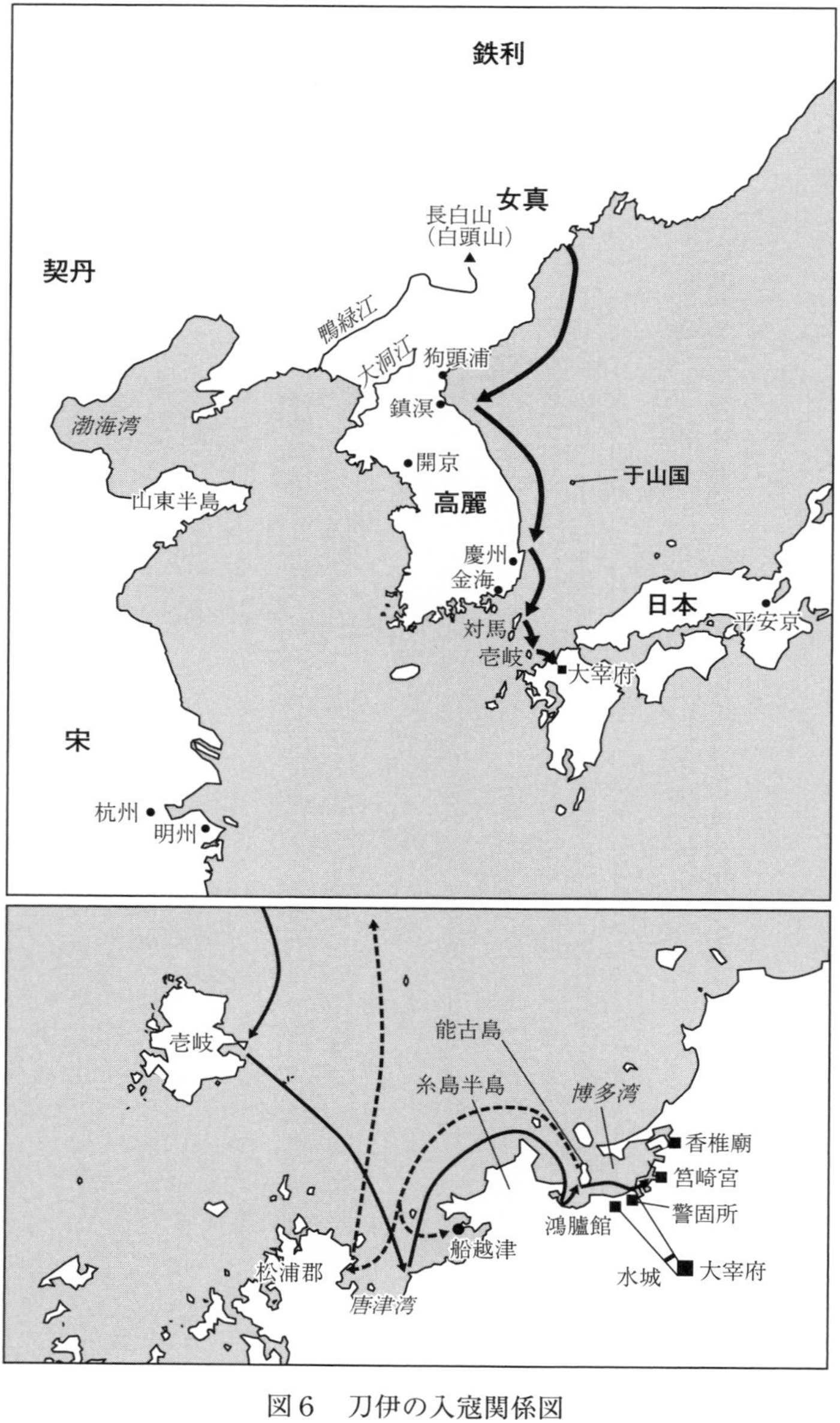
鉄利
女真
長白山
(白頭山)
契丹
鴨緑江
大洞江
狗頭浦
鎮溟
渤海湾
開京
于山国
高麗
山東半島
慶州
金海
日本
平安京
対馬
壱岐
大宰府
宋
杭州
明州
壱岐
能古島
糸島半島
博多湾
香椎廟
筥崎宮
警固所
鴻臚館
船越津
松浦郡
唐津湾
水城
大宰府

図6　刀伊の入寇関係図

を壱岐・対馬までに留めて日本と隣国の境を出ないよう命じた。また、十三日に肥前国《ひぜんのくに》松浦郡《まつらぐん》（佐賀県）に現れた賊船も前肥前介《さきのひぜんのすけ》源知《みなもとのしる》が郡内の兵士を率いて撃退している。

一連の戦闘の過程で大宰府は三人の賊を生け捕ったが、彼らは皆、当時の朝鮮半島の王朝である高麗《こうらい》の人であったといい、通事《つうじ》（通訳）が尋問したところ、「刀伊賊」を防ぐために高麗の辺境に配備されながら、かえって「刀伊」に捕獲された者たちであると答えた。これにより日本は初めて賊の正体が「刀伊」と呼ばれる人々であることを知った。ただし、大宰府も、その報告を受けた中央政府も、高麗人が偽って賊は刀伊人だと言っているのではないかと疑い、賊の正体を計りかねていた。

池内宏氏によれば、中国明代《みんだい》の朝鮮語辞書『訓蒙字会《くんもうじかい》』が夷《い》（되이）・戎《じゅう》（되슝）・蛮《ばん》（되만）・狄《てき》（되뎍）の文字に共通して「되」（toe）の訓《くん》を付すように（이・슝・만・뎍は音読み）、「刀伊」とは、夷狄《いてき》を意味する朝鮮語「되」を聞き取って当て字で表現したものとされ、その実態は中国東北部から朝鮮半島北方にかけて居住していたツングース系の「女《じょ》真《しん》」と呼ばれた人々を指す（「刀伊の入寇及び元寇」『岩波講座日本歴史 第九回』岩波書店、一九三四年）。『高麗史』には女真がしばしば高麗の沿岸部を襲撃・掠奪した記録があり、この前年の十一月にも東北女真が于山国《うざんこく》（韓国・鬱陵島《ウルルンド》）を侵して農業を荒廃させている。このたびの日本を襲撃した「刀伊」の賊船もまた、高麗沿岸で殺害・略奪を行ったうえで

図7　『訓蒙字会』（国立国会図書館デジタルコレクション）

北部九州に現れたのであった。

刀伊入寇の報せを受けた中央政府は西日本一帯に要害の警固を命じるとともに、神仏に加護を祈り続報を待った。この事件によって日本がこうむった被害は全体で、死者三七四人、拉致一二八〇人、屠《と》殺《さつ》牛馬一九九頭に上り、住宅四五棟と対馬の銀鉱山が焼損した。また、対馬・壱岐では被害を免れた人々も島外に避難してしまい、壱岐で事件後に島に居残っていたのはわずか三五人にすぎなかったという。

高麗の対応

九州の武士たちの活躍によって撃退された賊船は朝鮮半島東岸方面に逃れたが、四月末から五月中旬にかけて、多数の兵船を要所に配置して待ち構えていた高麗の鎮溟《ちんめい》（北朝鮮・江原《カンウオン》道《ド》元山《ウオンサン》市《シ》）船兵都部署《せんへいとぶしょ》が迎撃して賊船を拿捕《だほ》し、拉致されていた日本人を保護した。救出された日本人は金海府《きんかいふ》（韓国・慶尚南《キヨンサンナム》道《ド》金海《キメ》市《シ》）へ移送され、二七〇人余りが九月に高麗の使者鄭子良《ていしりょう》とその随員一〇〇余人にともなわれて対馬に護送された。鄭子良は対馬島宛ての安東護府牒《あんとうごふちょう》を携えていた。安東護府（安東《あんとう》大都護府《だいとごふ》）は高麗が慶州《けいしゅう》（韓国・慶尚北道《キョンサンプクド》慶州市《キョンジュシ》）に設置して東海方面の軍事を統括させた機関であり、「牒」とは統属関係のない組織間で相互に用いられた公文書の様式を指す。この時代の東アジア各国はしばしばこの牒様式の文書（牒状《ちょうじょう》）を外交に用いて意志を伝達している。

　これより先、長岑諸近《ながみねのもろちか》という人物が刀伊の賊に拉致された親族を探すために小船で高麗に向かった。彼は対馬の行政官衙（島衙《とうが》）で判官代《はんがんだい》の地位にあった在地出身の官人であった。対馬の長岑氏には十世紀前半に擬通事《ぎつうじ》（仮採用の通訳）を務めた長岑望通《ながみねのもちみち》という人物がいる。諸近も必要に応じて官人として高麗の地方官衙と事務折衝することがあったのか、彼は金海府に到って高麗の通事とコンタクトを取り、高麗が拉致被害者を日本に送還する用意のあることを知った。賊の手から救出されて送還を待つ人々のなかには彼の伯母《おば》もいたが、母と妻子と妹は賊によって海に投げ棄てられて帰らぬ人となっていた。

　高麗は諸近に対し、帰国して被害者の送還を事前に連絡するよう依頼した。しかし、当時の日本には私的な海外渡航は辺縁《へんえん》の関塞《せきさい》を越えて出境する越度《おつど》、または本朝に背いて蕃《ばん》国《こく》に身を投じる謀叛《むほん》という律《りつ》（刑法）に規定する犯罪に当たる行為としてこれを禁じる

「渡海制」（渡海禁制）があり（山内晋次「古代における渡海禁制の再検討」『待兼山論叢』史学篇二二号、一九八八年。榎本淳一『唐王朝と古代日本』吉川弘文館、二〇〇八年）、特に刀伊の襲来を目の当たりにした大宰府は禁制を破って国境の先に行く者は異国に与《くみ》する者（スパイ、内通者）とみなすと厳重に誡めていた。そのため諸近の行動は違法であり、単身で帰国しても処罰の対象となり信用されない。そこで、拉致被害者のうち一〇人を先行して連れ帰って真実の証明とすることになった。

この先発帰国者のなかに内蔵《うちくらの》石女《いしめ》という女性がいた。石女が帰国して大宰府に報告したところによると、彼女は五月中旬頃に高麗の兵船に助け出されると手厚い保護を受け、金海府への移送中は駅ごとに銀の食器でもてなされ、金海府到着後も白布の衣裳《いしょう》と美食を提供されたという。彼女を移送した高麗の役人は「ただ被害者を労《いたわ》ろうというだけではなく、もっぱら日本を尊重してのことである」と語り、高麗の日本に対する敬意を強調していたという。帰国に際しても高麗は一人ひとりに帰りの食糧として白米三斗と干し魚三〇隻《せき》（一日当たり白米一升＝現代の約四合、干し魚一隻とみれば一月分の食糧）を与え、酒食をふるまう宴席を設けて送り出した。

諸近が拉致被害者を連れ帰り、彼らの口から高麗による賊船撃退の事実が伝えられたことで、大宰府はようやく賊が高麗によるものではないことを了解した。ただし、中央への報告書で大宰府は「新羅《しらぎ》はもともと敵国であり、国号を（高麗に）変えたとはいえ、いまだ野心の残ることが疑われます。たとえ拉致被害者を送ってきても悦《よろこ》ぶべきではありません。もしかすると、勝ち戦《いくさ》の勢いを誇り、偽りの友好を示そうとしているのかもしれません」と述べ、なおも警戒を怠らなかった。これは権帥藤原隆家の意見であろう。当時の大宰府の長官には都の公卿《くぎょう》（三位《さんみ》以上の有位者に四位《しい》の参議《さんぎ》を加えた上級貴族）が任じられ、中納言《ちゅうなごん》以上が任じられた場合は権帥として、参議の場合は大弐《だいに》として、任地に下って大宰府機構を指揮した。隆家は摂関家出身の貴族であり（中関白藤原道隆《なかのかんぱくふじわらのみちたか》の子）、ここにみえる高麗観も中央貴族の意識を反映したものといえる。

日本の朝廷の反応

長岑諸近と高麗使鄭子良による日本人送還の報せを受けた中央政府では、その対応を協議した。この時代には、外交事案のような国家にとって重要な案件は「陣定《じんのさだめ》」と呼ばれる内裏《だいり》の左近衛陣座《さこのえのじんのざ》で行われる摂関《せっかん》（摂政《せっしょう》・関白《かんぱく》）を除いた見任公卿《げにんくぎょう》（大臣《だいじん》・大納言《だいなごん》・中納言《ちゅうなごん》・参議《さんぎ》の現職にある太政官議政官《だいじょうかんぎせいかん》）の会議に諮問《しもん》され、その答申を受けて天皇が摂関の補佐を受けて決定を下すことになっていた。

時の天皇は一二歳の後一条天皇《ごいちじょう》であり、幼い天皇の政務を代行する摂政には二八歳とまだ若い藤原頼通《ふじわらのよりみち》が就き、官職を辞して出家していた父の藤原道長《ふじわらのみちなが》が頼通を後見する体制をとっていた。この時の陣定では右大臣藤原公季《ふじわらのきんすえ》が上卿《しょうけい》（会議の責任者）を務めたが、

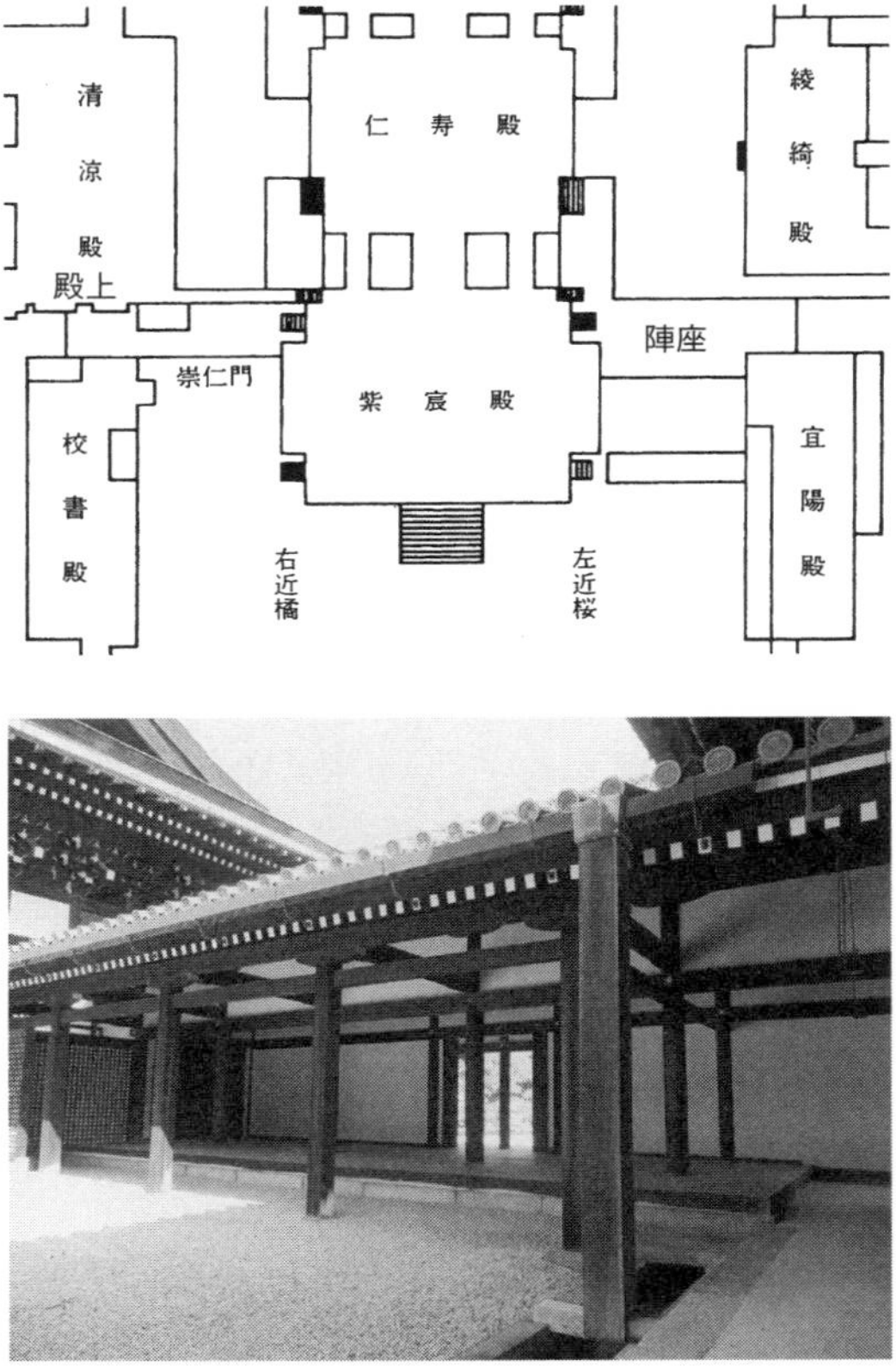

図8　平安宮内裏図（部分，『国史大辞典』8，吉川弘文館，1987年より）と京都御所の陣座（宮内庁京都事務所提供）

道長・頼通は特に経験豊富で見識の高い大納言藤原《ふじわらの》実資《さねすけ》と権大納言藤原《ふじわらの》公任《きんとう》に必ず出席するよう求めている。あいにく実資は触穢《しょくえ》で出席が叶わなかったが、当時の朝廷はこの二人の重鎮を頼みとして政権が運営されていた。

審議の結果、公卿は次のように答申した。

①対馬に派遣されてきた高麗使を大宰府に召喚して手厚くもてなしたうえで、この事件について日本が抱く疑念について問いただす。

②大宰府の先の報告に「刀伊国」とあった賊の正体が、高麗の牒では「女真国」となっていることについて、大宰府に問いただす。

③大宰府が早馬で報告せず無駄に時間を費やした理由を問いただす。

④以上を大宰府に指示して、再度の報告を受けて今後の対応を決める。

このほか、高麗使に対する位階の授与なども議論されたらしいが、①のように高麗使を丁重に扱いつつも疑義をただそうとする姿勢には、賊のなかに高麗人が多く含まれていたことに対する疑惑の念を拭いきれない公卿の心情が表れている。

この答申の内容を知って強く反発したのが、引退間際で会議に不参加だった老練の公卿源《みなもとのとしかた》俊賢であった。俊賢が特に問題視したのは高麗使を大宰府に召喚することであり、高麗の謀略を疑わせる種々の疑問を晴らそうとするその対応に反対した。

もし謀略があったとしても、二〇〇余人の帰国者全員をそれに加担させることはできないから、おいおい、彼らの証言によって事の実否は明らかになる。むしろ大宰府に向かわせる途上で、賊に襲われて衰弱した対馬・壱岐の様子を高麗使に見せれば互いの国の強弱を推し量られることになってしまうため、高麗使には返牒《へんちょう》（返事の外交文書）と禄物《ろくもつ》（褒美の品）を与えて速やかに対馬から帰国させるのが上策であるというのが俊賢の考えであった。そして、高麗に対して不審とすべき事項については次のように言う。

安東護府牒によれば高麗が賊の正体とした女真は高麗に時々朝貢する存在であるというが、それを高麗がきちんと統制できていないこと、および拉致被害者の送還という重大事にもかかわらず高麗と日本の朝廷相互ではなく安東護府と対馬島という地方官衙どうしの交渉の形を取ったことについて、はっきり遺憾の意を返牒に示すだけでよい。それ以上のことは一々問題とせず、早々にお帰りいただけ、ということである。

以上の意見には藤原実資も賛意を示したが、結局は高麗使を大宰府に召喚することとなり、大宰府で尋問したうえで、翌寛仁四年（一〇二〇）に高麗国宛ての大宰府牒と禄物を与えて帰国させている。

以上のような事件の推移のなかにみえる高麗と日本の態度は対照的である。高麗は日本に対して友好な態度を示し、拉致被害者を手厚く保護して日本に送還した。それに対して日本は得体の知れない賊の正体が「刀伊」（女真）と知られたあとも高麗を「敵国」扱いして、何らかの謀略がありはしないかと疑いの目を向けている。源俊賢も、謀略の可能性を前提として疑念を晴らそうとする対処には苦言を呈しているものの、国の内情を高麗使に観察されることを危惧している点では大差ない。そこには、隙を見せれば高麗が攻めてくるかもしれないという潜在的な警戒心が見え隠れしている。

その後、治安《じあん》二年（一〇二二）に九州武士団菊池氏《きくちし》の祖で「武芸者」であった藤原蔵規《ふじわらのまさのり》が、大宰少弐《だざいのしように》の立場で刀伊撃退に尽力した褒賞として対馬守《つしまのかみ》に任じられた。これは、事件を経て日夜「敵国の危」の恐怖に脅えていた対馬の防衛に当たらせるための措置であり、ここにいう「敵国」も後述するように高麗を指している。刀伊の入寇がいかに高麗に対する警戒心を高めたか知ることができよう。

しかし、両者の態度の違いからただちに、誠実な対応をみせる高麗と猜疑心で目を曇らせた日本という具合に、外交感覚の優劣として論じるのは早計である。この態度の違いの背景には何があるのか。それぞれについてより詳しく検討する必要がある。

東北アジア情勢からみた刀伊の入寇

まず、高麗の事情からみていこう。高麗は拉致された日本人を救出して保護したが、庶民にすぎない彼らを銀器や美食でもてなすその厚遇ぶりは、日本を尊重するにしても少々やりすぎの感がある。平安貴族ならずとも、何か裏があるのではないかと勘繰りたくなるところではないだろうか。

高麗の背後事情

実は、これには当時の高麗が置かれていた国際状況に大きな理由があった。当時の高麗は、モンゴル高原東部から勃興した遊牧王朝の契丹《きったん》（遼《りよう》）による軍事侵攻を受けていた。そのため、日本に対してはことさらに友好な態度を示して、後方の安全を確保しようとする目的があったと篠崎敦史《しのざきあつし》氏が指摘している（「刀伊の襲来からみた日本と高麗の関係」『日本歴史』七八九、二〇一四年）。

契丹の東北アジア経略

契丹は聖宗《せいそう》（在位九八二〜一〇三一年）の代に東北アジアの経略を進めた。まず、九八三年から九九一年にかけて、鴨緑江《おうりよくこう》中下流域に侵攻する。この地域には、契丹によって滅ぼされた渤海《ぼっかい》の後裔を標榜する定安国《ていあんこく》という国があり、渤海湾《ぼっかいわん》から山東半島《さんとうはんとう》に至る通交・交易ルートを押さえて、周辺の女真が中国の王朝・宋《そう》に朝貢して交易することを保障していた。それに対して契丹は、鴨緑江河口に威《い》寇《こう》・振化《しんか》・来遠《らいえん》の三城を築き、女真が宋と交易するルートを遮断して、鴨緑江流域の女真を契丹に帰服《きふく》させた。

さらに契丹は九九三年に高麗に侵攻（第一次）してこれを臣従させている。それまで高麗は宋から冊封《さくほう》（王位などの官爵を授けて外臣に位置づけること）を受けていたが、契丹の侵攻にさらされたことで宋とは断交して契丹に臣従し、九九四年から契丹年号「統和《とうわ》」の使用を始め、九九六年に国王成宗《せいそう》が契丹から冊封を受けた。

ところが、成宗の跡を継いで契丹から高麗国王に冊封された穆宗《ぼくそう》が一〇〇九年に臣下の手で弑殺《しいさつ》されて新たに顕宗《けんそう》が国王に擁立されると、契丹の聖宗《せいそう》はその罪を問い、翌年に親征の軍を起こして高麗の都開京《かいきよう》（北朝鮮・開城特別市《ケソントウクビヨルシ》）を攻め、年をまたいで撤兵した（第二次侵攻）。その後も契丹と高麗は断続的に交戦を繰り返し、高麗は契丹から離反して一〇一六年には契丹年号の使用をやめて宋年号を使用するようになっている。これに対して契丹はついに一〇一八年十月から一〇一九年三月にかけて第三次となる遠征軍を高麗に派遣した。高麗はこの侵攻に耐えたものの、一〇二〇年に講和を結び、再び外藩国《がいはんこく》（天子に仕える外臣の国）として契丹に朝貢することを約束した。一〇二二年に顕宗が契丹から冊封を受け、契丹年号の使用も再開したことで紛争は決着する。刀伊の入寇があったのはこの契丹の第三次侵攻の直後であった。

女真の動向

このような事態のさなか、高麗は一〇一五年に東女真の首領阿盧太《あろたい》（阿盧大）をともなって宋に遣使した。阿盧太は高麗に朝貢して土馬と貂鼠皮《ちょうそひ》（テンの毛皮）を献じてその対価として衣物を賜ったり、北方のアムール川の支流松花江《しょうかこう》中流域に居住する鉄利《てつり》という部族と通じてその使者となったりしたことが『高麗史』にみえる東女真の酋長《しゅうちょう》であり、彼らは高麗と通じることで、契丹によって閉ざされた宋との交易の機会を得ようとした。

また、この時、高麗は宋に対して「契丹が鴨緑江に浮橋を作り、（渡河して）江の東岸に寨《とりで》を築いていますが、多勢に無勢でこれを破壊できないでいるため、辺境の民が不安がっております。そこで（契丹への服属の度合いの高い）西女真を教諭して味方に引き入れようとしているところです」と状況を報告している。

契丹による高麗侵攻は女真の動向に大きな影響を与えたらしい。『高麗史』によれば、女真が高麗に朝貢した事例は、十世紀には九四八年の一例しか確認できないが、十一世紀に入ると第二次高麗侵攻の翌年の一〇一一年から毎年のように記録に現れはじめる。特に第三次侵攻のあった一〇一八年は前後の年に比して突出して事例が多く、年初から翌年正月にかけて毎月のように東西・北方の女真が高麗に朝貢している。また、この時期の事例には、彼らの主要な交易品である馬に加えて兵器や甲冑を献上するものが多い。前年には西女真が契丹の僧侶を捕虜として献じた事例もあるように、この朝貢は明らかに契丹の軍事行動に対抗して高麗と手を結ぼうとするものであった。

また、女真の海賊的活動が活発化するのもこの時期からであり、一〇〇五年を初見として、以後、一〇一一年、二年、五年、八年、九年と断続的にみられ、その後は一〇二八年までしばらく沈静化する。

東北平原の東方に連なる山岳・丘陵地帯の河川が形成した河谷平野《かこくへいや》に部族集団ごとに分散して居住していた女真は、狩猟・牧畜や粗放な農業を行うとともに、馬や毛皮を特産品として中国と遠隔地交易を行うことを生業としていた。その交易ルートが契丹によって遮断されたことで女真の生活に深刻な混乱と動揺が生じ、海賊的活動の引き金になったと蓑《みの》島栄紀《しまひでき》氏は指摘している（「渤海滅亡後の北東アジアの交流・交易」『アジア遊学』六、一九九九年、「「刀伊襲来」事件と東アジア」『アジア遊学』二三三、二〇一九年）。生活物資や労働力の確保、ないしは奴隷売買のための人・物の略奪であったと考えられている。

契丹の軍事行動と女真

そしてまた、契丹と高麗の軍事衝突は女真の諸部族に立場の選択を迫るものであった。一〇一〇年の第二次侵攻時には、契丹に従う女真は良馬万匹を献じて遠征に従軍したが、その一方で契丹の東北経略に反発する女真のなかには高麗軍に加わって抗戦する部族もいた。

一〇一五年の初めには契丹軍が女真諸部族の兵とともに複数ルートに分かれて高麗北西部を攻撃したが、同時に女真の船二〇艘が朝鮮半島東岸の狗頭浦《こうとうほ》（北朝鮮・咸鏡南道《ハムギョンナンドチヨン》定平郡《ピョングン》）を侵して鎮溟道都部署《ちんめいどうとぶしょ》に撃退されている。あるいはこれは契丹の軍事行動と連動した陽動だったのかもしれない。

一〇一二年には長白山《ちょうはくさん》（白頭山《ペクトウサン》）三十部女真の酋長が爵位を求めて契丹に朝貢しているように、契丹への服属の度合いの高い西女真ばかりでなく、高麗の東岸を侵す海賊の主体となった東女真の諸部族のなかにも契丹とつながろうとするものがあった。海賊的活動の活発化がちょうど契丹の軍事行動と時期的に重なるのは、生業の阻害による困窮のためばかりでなく、高麗に打撃を与えることによって契丹を側面から支援する活動も含まれていたのかもしれない。

日本を襲った刀伊の入寇がそうだとまでは断言できないが、要因が何であれ、高麗は契丹の侵攻と女真の海賊の脅威に同時にさらされていたのであり、その一部が日本を侵すに及び、高麗はさらに日本とも事を構える事態とならないよう、友好な姿勢をアピールしなければならなかった。高麗が刀伊の賊船に拉致された日本人を救出して破格の待遇でもてなして送還した裏には、このような契丹の軍事行動に起因する東北アジアの抜き差しならない情勢があったのであり、高麗の送還使を純粋に親善友好の使者とみるのは表面的な理解である。

神国思想の成り立ち

「敵国」認識の由来

関係の悪化を懸念する高麗の思惑とは裏腹に、日本は刀伊の入寇を受けて高麗に対する警戒を強めた。当時の日本はその背景に契丹と高麗の軍事衝突や、それにともなう女真の活動があったことなど知る由もなかった。そのように情報が欠如した状態で、実際に朝鮮半島方面から突如現れた得体の知れない集団の襲撃を受けて大きな被害をこうむったのだから、高麗を警戒するのは致し方ない。高麗が友好な態度を示してきたからといって簡単に信用してしまうようでは、危機管理はおぼつかない。

とはいえ、危機管理による警戒心だけでは、高麗を「敵国」視することにはつながらない。この「敵国」という認識はどこからきたのかが問われなければならない。

それは、権帥藤原隆家が高麗の前王朝の新羅を「敵国」であると言ったように、当時の貴族の歴史認識に起因している。そのあたりの事情を、まずは刀伊の入寇において襲撃の対象となった筥崎宮の由緒からうかがってみよう。

筥崎宮と「敵国」

筥崎宮は現在も福岡県福岡市東区箱崎《はこざき》に鎮座する古社であり、その背後は現在の宇美川《うみがわ》下流部が入り江となっていて港があった。そのために襲撃と防衛の対象となったのである。筥崎宮はその港に背を向けるように博多湾を向いて建てられていた。

鎌倉初期に石清水《いわしみず》八幡宮《はちまんぐう》で編集された縁起《えんぎ》集『諸縁起』所収の「筥崎宮縁起」によれば、筥崎宮は延喜二十一年（九二一）に八幡大菩薩《はちまんだいぼさつ》の若宮一《わかみやいち》の御子《みこ》の託宣《たくせん》により、穂浪宮《ほなみぐう》（大《だい》分八幡宮《ぶはちまんぐう》、福岡県飯塚市《いいづかし》）を筥崎の地に移して、延長《えんちょう》元年（九二三）に造立《ぞうりゅう》された。その託宣には「宮を建てるに当たっては、新羅の方面を向いて建てるように。（中略）末代になり、人民の力は弱く、天皇の威勢も衰えた昨今、新羅国は『古《いにしえ》の敵』であるから、きっと来寇が起きるであろう。そこで、筥崎の新宮の礎石に『敵国降伏』の文字を書き付けて、その上に柱を立てなさい。また、私の座の下にも同じくその文字を置きなさい。（中略）そうすればあの『敵国』も自ずと降伏するであろう」とあったという。ここでも新羅を「古の敵」として、その「敵国」に対して八幡神が睨《にら》みをきかすことで侵略を防ぎ、自

図9　筥　崎　宮
楼門に掲げられた扁額の「敵国降伏」の文字は鎌倉時代の亀山上皇の宸筆と伝えられる.

ずと降伏させることが述べられている。

同じく鎌倉初期に石清水八幡宮伝来の文書《もんじょ》・記録などを集成した『宮寺縁事抄《ぐうじえんじしょう》』によれば、筥崎宮が造立された延長元年には、さらに穂浪宮の神体の白石が小児の姿で現れて、自分はたびたび蜂起する新羅の悪賊の「敵」を降《くだ》すため「太多羅子女《たたらしひめ》」が朝鮮半島に出征した時、「敵国」降伏の願掛けをして裳《も》の腰に付けた石体であり、穂浪宮の殿内に留めて新宮に移さないようにと託宣したという。

「太多羅子女」とは遥か昔の伝説的な皇后である神功皇后《じんぐうこうごう》のことであり、ここにみえる裳の腰に付けた石体も、懐妊して応神天皇《おうじんてんのう》を身に宿していた神功皇后が出兵に当たって出産を遅らせる願掛けとした鎮懐石《ちんかいせき》の説話の変形である。平安後期の貴族で大宰権帥《だざいのごんのそち》を二度務めた碩学《せきがく》の文人官僚大江匡房《おおえのまさふさ》が記した「筥崎宮記」でも、筥崎宮は八幡大菩薩の別宮《べつぐう》として異国の侵略を防ぐためにこの地に垂迹《すいじゃく》したといい、神体は応神天皇で、その母の神功皇后が新羅を討つために西海道《さいかいどう》（九州）に赴き、永遠に「敵国」を降したとされる。八幡大菩薩（応神）と神功皇后は応神の父仲哀天皇《ちゅうあいてんのう》とともに「三所」と呼ばれて日本の宗廟《そうびょう》と崇《あが》められ、その神威は日本を超えて遥か遠くまで及び、そのために高麗は境を接するといえども日本を犯すことがなく、もし異心があったとしても神変が生じて侵略を未然に防ぐという。刀伊の入寇において、兵船を整える時間の猶予を与えた強風を権帥藤原隆家が「神明の所為か」と評したのも、このような信仰に基づくものである。

神国思想の構造

神功皇后による「敵国」降伏と神明の加護による日本不可侵の信仰は後々まで貴族の意識を規定した。平安末期、太政大臣藤原伊通《だいじょうだいじんふじわらのこれみち》が二《に》条天皇《じょうてんのう》に奉《たてまつ》った政治指南書『大槐秘抄《たいかいひしょう》』にも、「神功皇后によって討ち取られた高麗はどうにかして会稽《かいけい》の恥をすすぎたいと思ってはいるものの、日本は神国《しんこく》であるため、高麗のみならず隣国は皆、怖じ気づいて侵略など思いもよらないのです」と述べている。「神国」の語の文献上の初出は『日本書紀《にほんしょき》』の神功皇后の条にあり、この認識が『日本書紀』に記されたいわゆる神功皇后の「三韓征伐《さんかんせいばつ》」伝説から来ていることが知られる。また、神功皇后への降伏を「会稽の恥」とすることは鎌倉時代成立の『松浦廟宮先祖次第并本縁起《まつらびょうぐうせんぞしだいならびにほんえんぎ》』にもみえ、「蕞爾《さいじ》（卑小）の新羅は虎狼のようで、久しく心に会稽の恥・勾践《こうせん》の怨みを蓄えている」と述べる。中国の春秋《しゅんじゅう》時代に越王《えつおう》勾践が呉王夫差《ごおうふさ》に会稽山の戦いで敗れて屈辱的な条件で講和を結び、臥薪嘗胆《がしんしょうたん》して報復の機会を待った故事になぞらえて新羅・高麗が報復の念を抱いていると考え、それに対する安全保障を神明の加護に期待しているのである。

加えて『大槐秘抄』には、「鎮西《ちんぜい》（九州）は敵国の人が今日では集まるところとなっています。日本の人が高麗に渡ることがありますが、中国の貿易商人とは似ても似つかないみすぼらしい姿の商人がわずかばかりの物をもって行くそうです。どれほど侮《あなど》られることでしょう。ですから制（渡海制＝渡航制限）があるのです。異国の法では政治の乱れた国は侵略すべきものとされていると認識しておりますが、鎮西は隣国を警戒するよう法令にあります」とも説く。ここには源俊賢が衰弱した対馬・壱岐の現状を高麗使に見せることを危険視したのと同様に、貧弱な様を見せて侮りを受ければ侵略されかねないという認識がみえる。

つまり、高麗を「敵国」視する由来は、新羅を三韓征伐以来の「古《いにしえ》の敵」であるとする歴史観にあり、後身の高麗がその恥辱を晴らすために虎視眈々と日本の隙をうかがっているという認識からきている。新羅を「敵」とするのも『日本書紀』の神功皇后の条が出典である。平安貴族の言う「敵国」が、敵対する国家を一般的に意味するのではなく、具体的に新羅（とその後身の高麗）を指していることが分かるだろう。一方、平安時代の貴族の自己認識は「筥崎宮縁起」にあったように民力に乏しく天皇の威勢も衰えた「末代」とする衰退史観であった。そのため彼らは高麗がいつ侵略してきてもおかしくないと潜在的に考えており、その危惧を払拭するための論理が、日本を神に守られた「神国」と信じる神国思想なのであった。

このような考え方はいつ、どのようにして生まれたのか。時代を遡って検討してみよう。

新羅海賊事件と「神国」

平安前期（九世紀）の貞観《じょうがん》十一年（八六九）五月、大宰府から中央に送られる調《ちょう》の綿《わた》や絹を輸送する貢綿船《こうめんせん》が博多湾の荒津《あらつ》（現在の福岡市中央区西公園付近の港）に停泊していたが、そのうちの豊前国《ぶぜんのくに》の船が単独で進発したところ、夜陰に乗じた新羅の賊船二艘に襲撃されて積み荷を略奪されるという事件が起きた。

この事件そのものは小規模なもので、発生当初は中央政府もそれほど重大視していなかった。しかし、大宰府で政庁の楼閣や兵庫《ひょうご》（武器庫）に大鳥が群集する怪異があり、これを占うと隣国の兵が攻めてくる予兆であるという結果が出た。また、大宰府が毎年中央に貢納する鸕鷀鳥《ろじちょう》（鵜飼《うか》いの鵜）を国境付近まで獲りにいった対馬の人が新羅に捕まり、対馬襲撃計画を聞いて逃げ帰ってその情報を伝えた。この知らせを受けた政府は警戒を強め、海賊事件の容疑者として大宰府が捕縛していた新羅人と、従来から大宰府管内に居住していた帰化新羅人とを東国に移住させるという厳しい措置をとることとした。

容疑者とされたのは大宰府管内で交易に従事していた新羅人であった。政府は、彼らが日本の事情に詳しく国防の備えがないことをよく知っているため、温情をかけて帰国させれば日本が弱いことを「敵」に知られる恐れがあると危惧した。また、新羅が日本を侵略

図10　香　椎　宮

するとなれば、帰化新羅人が内応して手引きするに違いないとも疑ったのである。

　この事件を受けて政府は、応神天皇と同体とされた八幡大菩薩宮（宇佐宮《うさぐう》、大分県宇佐市）と、仲哀天皇および神功皇后の廟所《びょうしょ》として「鎮国香《か》椎《しい》大神」と崇《あが》められた香椎廟《びょう》（福岡県福岡市東区）、それに古来から朝鮮半島との海上交通の航海神として信仰された宗像《むなかた》大神（福岡県宗像市）、および皇室の守り神とされた（?）甘南備神《かんなびのかみ》（京都府京田辺市《きょうたなべし》）に奉幣《ほうべい》するとともに、先代・先々代の天皇陵と神功皇后陵に「新羅寇賊を禦《ふせ》ぐべきの状」を告げて加護を祈願した。

　その祈願文においては、「彼《か》の新羅人は日本と久しい時代から互いに敵対して来ました」といい、また「日本は久しく軍旅がなく、警備を忘れてしまっています。兵乱のことは慎み恐れるべきです」といって、新羅との久しい敵対関係と、それにもかかわらず長く戦争がなかったために軍備のない現状を憂慮する。しかし、「我が日本はいわゆる神明の国です。神明が助け護ってくだされば、どうして近く兵寇など来ることがあるでしょうか」とする。そして、「日本の国境内に入ろうとする兵船は神威によって沈没させて、日本が『神国』であるという故実をどうか失わせないでください」と神々に祈っている。

この、日本を神明に守られた「神国」とする意識が、やはり三韓征伐伝説からきていることは、宗像大神について、その神が「大帯日姫《おおたらしひめ》」（神功皇后）に協力してともに新羅を降伏させて日本を救い守った皇太神であるとすることから分かる。神功皇后の陵墓と、その夫の仲哀を祀る香椎、子の応神を祀る宇佐に奉幣しているのもそのためである。

新羅の「恩義」と「調」

多くの研究者は、この海賊事件を新羅に対する排外意識の契機とみなすが、実はさらに遡って奈良時代の宝亀《ほうき》五年（七七四）にも同様な意識を見出すことができる。

この年の三月、政府は「新羅は凶悪で醜く、恩義を顧みずに早くから毒心（他を害する心）を抱き、常に（日本を）呪詛している」として、大宰府に命じて仏法で国土を守護する四天王の像を制作させ、新羅を望む高い峰の清浄な場所に安置して読経を行い災いを払い除くよう指示している。ちょうどこの時、新羅から外交使節が来日していたが、その新羅使は日本が満足する体裁を備えていなかった。これを無礼とみた日本は使節の受け入れを拒否するとともに、不信感を募らせて、このような対応に出たのである。

ここでは新羅が「恩義を顧みない」と言っているが、この「恩義」もまた、三韓征伐伝説に基づく認識であった。『日本書紀』を紐解くと、欽明紀《きんめいき》の二十三年（五六二）の条に、新羅が倭《わ》（日本）の「官家《みやけ》」（服属地とみなした地域）とされた「任那《みまな》」（朝鮮半島南部の加《か》耶《や》諸国の金官国《きんかんこく》）を滅ぼしたことを非難して、「小さく醜い」新羅が「我が恩義」を違えて任那を滅ぼし、我が傘下の人々を「毒害」（殺害）したと述べる記事がある。表現が先の四天王像造立《ぞうりゅう》の指示と似通っているのは、その命令が欽明紀の記事を踏まえて書かれているからである。だから両者の言う「恩義」は同じことを意味するが、それを欽明紀は次のように説明する。「気長足姫尊《おきながたらしひめのみこと》（神功皇后）が新羅を降伏させた時、皇后は新羅を哀れんで、新羅王の首を斬らずに生かしておいてやったではないか。新羅に要害の地を授け、分不相応に繁栄させてやったではないか。新羅に対する皇后の施しが薄いということはない。なのにどうして我が人民が新羅に怨まれなければならないのか」と。

なんとも独善的で恩着せがましい一方的な言い方だが、奈良時代の初めにまとめられた『日本書紀』では、神功皇后の出兵によって新羅および百済《くだら》・高句麗《こうくり》の朝鮮三国は無血降伏して服属国となることを誓ったとされ、「これをもって新羅王は常に『八十船《やそぶね》の調《みつぎ》』をもって日本国に貢ぎたてまつる。これその縁（由緒）なり」と説明している。「調」とは、古い時代の朝鮮半島において、服属した小国が旧領土の貢賦《こうふ》を支配者に進上した、その貢賦の呼び名であり、服属の証《あかし》として奉られる貢ぎ物であった。奈良時代には、神功皇后の三韓征伐によって新羅は日本に永遠の服属を誓ったと信じられており、そのために新羅王は天皇の臣下として「調」を貢納すべきものと考えられていた。奈良時代の日本は新羅以外の国との間では外交儀礼の贈り物の名称として当時一般的に使用されていた「信物《しんぶつ》」という表現を用いながら、新羅との間では「調」という古色蒼然とした名称にこだわり続け、その使用を義務づけた。それは、彼我の関係が遥か古来の伝説にまで遡ることを新羅に承認させる意味をもつ。宝亀五年の新羅使が無礼であるとされたのは、新羅が貢ぎ物の名称をこの「調」ではなく、服属の意味をもたない「信物」に変更して、臣下としての姿勢をとらなかったからである。

服属要求の歴史的経緯

しかし、三韓征伐伝説に語られた服属の由緒は全くの虚構であり、歴史的事実ではない。日本がこの伝説を根拠として新羅に「調」の貢納と服属を要求するようになるのはそれほど古い話ではなかった。

七世紀、朝鮮三国の対立が激化するなか、新羅が唐と結んで百済を滅ぼすと、倭は百済の復興を支援して半島に出兵し、六六三年に唐・新羅の連合軍と戦った。世に言う白村江《はくそんこう》《はくすきのえ》

の戦いである。ところが、この戦いで倭は大敗を喫し、百済の滅亡は決定的となった。それどころか倭は、日本列島への侵攻を企図する唐軍の脅威にさらされることにもなった。そのため倭は都を大和《やまと》（奈良県）の飛鳥《あすか》から近江《おうみ》（滋賀県）の大津《おおつ》に移すとともに、侵攻ルートと想定される北部九州から瀬戸内海沿岸にかけて、亡命してきた百済の将軍の指導のもと、朝鮮式山城《ちょうせんしきやまじろ》を築いて国防に備えた。

しかし、唐と新羅は六六八年に高句麗を滅ぼすと、今度は朝鮮半島の支配をめぐって対立し、六七〇年に新羅が唐との戦端を開く。その戦争は六七六年に唐が遼東《りょうとう》に撤退して新羅が半島を統一するまで続くが、新羅は唐と敵対するなかで背後の安全を確保するために、白村江では敵として戦った倭との関係を修復する必要があった。そこで新羅は、敗戦国だったはずの倭に対して「調」を贈り、時には「請政《しょうせい》」（内政を天皇に報告して指導を仰ぐこと）するなどして辞を低くして外交関係を結んだのである。新羅は高句麗が滅亡した六六八年から継続的に倭に「調」を進めるようになり、倭も新羅の大将軍金庾信《きんゆしん》に船一隻、新羅王に「輸御調船」（「調」を貢納するための大船）一隻を与えてこれに応えた。『藤氏家伝《とうしかでん》』によれば、中臣鎌足《なかとみのかまたり》はこの時、「普天《ふてん》の下《もと》、王土に非《あら》ざるはなく、率土《そっと》の浜《ひん》、王臣に非ざるはなし」（天が覆い地が続く果てまで王の大地でないところはなく、そこに住む人々で王の臣でない者はいない）と述べたという。倭王権の支配が新羅にまで及ぶという王土王民《おうどおうみん》思想《しそう》の表明である。

こうして、倭にとっては白村江の敗戦という外交上の失敗が図らずも帳消しとなり、新羅との間に新しい関係を結ぶことができた。新羅を「古の敵」とする思想が白村江の敗戦に由来するという説があるがそれは誤りで、白村江の敗戦はその後の外交関係を規定するものとはならなかった。前近代において、白村江の戦いが日本と朝鮮半島の歴史の画期として振り返られることはまずないと言ってよい。

倭に対して低姿勢をとる新羅が半島を統一したことで軍事的な脅威も遠のき、急ピッチで築城した朝鮮式山城の多くは八世紀の初めには放棄され、都も奈良盆地に戻った。しかし、この関係はあくまで新羅と唐の対立という状況が生んだ一時的なものにすぎない。それを永続化し、新羅との間に君臣関係を樹立すること、それが新たな外交の課題となった。

持統朝の外交と三韓征伐伝説の成立

時は天武《てんむ》・持統《じとう》朝。先進的な唐にならい、国家の仕組みを法定する「律令《りつりょう》」法典の編纂が本格的に進められた時代である。それは、新羅を臣下として従えるに相応しい国家の体裁と実力とを兼ね備えるためにも必要なことであった。また、新たに建設されて国号を「日本」と定めた律令国家は軍国体制の国家であったとされる。大宝元年《たいほう》（七〇一）に制定された大宝律令のもとでは、二一歳から六〇歳までの公民《こうみん》（官人や賤民《せんみん》を除く一般民衆）の男性のうち実に三人に一人を徴兵して全国各地の軍団《ぐんだん》に配属し、交替で軍事訓練が施された。奈良時代を通じて六〇〇万人に満たない推定人口に対して総兵力二〇万人という大規模な軍隊が組織されたのである（現在の自衛隊は総人口一億二五〇〇万人に対して兵力二二万人）。軍団創設に当たって参照された唐の折衝府《せっしょうふ》が国都防衛のために要所に集中的に配置されたのに対して、日本の軍団は全国に満遍なく置かれた。それは国防のためではない。唐軍侵攻の脅威が去って朝鮮式山城の防衛網も廃止していった当時、国防は国境を接する九州や蝦夷《えみし》を抱える東北の辺境を重点的に固めるだけでよく、全国くまなく軍団を配置する必要はなかった。その過剰とも言える軍事力が新羅を服従させるための強制装置として組織された外征軍にほかならないことは、下向井龍彦《しもむかいたつひこ》氏の指摘する通りである（「日本律令軍制の基本構造」『史学研究』一七五号、一九八七年）。

令に規定した戸籍の作成と、それに基づく徴兵の開始を目前に控えた六八九年五月、新羅使がこれまで「我が国（新羅）は日本の遠い皇祖の代から、船の舳先《へさき》を並べ楫《かじ》（艪《ろ》や櫂《かい》）を乾かさず（途切れることなく）、清白の心で奉仕して忠を尽くすのみならず、（服属国としての）本分職分を宣揚（盛んな様を明示）してまいりました」と述べてきた外交上の修辞をとらえて持統天皇は、その「遠い皇祖の代からの途切れない奉仕」という歴史的にみれば到底事実とは言えない、日本の願望とでも言うべき関係を実体あるものとして履行するよう新羅に迫った。

このとき持統は、新羅がそれまでより低位な身分の者を使者に立てて小さな船一艘で来日したことを「故典《こてん》」（古くからの礼式）に背くと非難して調賦を返却し、あらためて服属国としての職分を果たすよう要求している。ここで「故典」を持ち出しているのは、直近の実際の事例だけに基づいて先例に背くと言っているのではなく、新羅使の言葉にあった半ば観念的な「日本の遠い皇祖の代から」の礼式を指すからであり、具体的には三韓征伐伝説に言うところの「八十船の調」（数多くの船に載せた調）の貢納を意味している。三韓征伐伝説自体が、この頃の新羅との新たな外交関係の形成過程において、古い種々の伝承をもとに、新羅服属の由緒を語る政治説話として成立したものであった。ここにおいて持統は、その伝説的・観念的な「故典」を現実の新羅との外交において明瞭かつ持続的な服属・君臣関係として事実化して定制化しようとしているのである。それを新羅に受諾させる裏付けとなるのが、まもなく開始された徴兵制軍隊の組織であった。

この持統朝には儀礼作法も整備されている。その作法は、天皇を神と崇《あが》める拍手儀礼と中国の古い礼法である「両段再拝《りようだんさいはい》」（二度お辞儀する拝礼を二セット繰り返す四拝の礼）とを組み合わせたものであった。これは、神話的権威と古様の礼法によってその伝統の古さを演出し、その作法を新羅使にも踏襲させることによって、日本と新羅との関係が遥か遠い皇祖の代から続くものであることを儀礼の面でも意識づけるものであった。

このように持統朝を画期として再編された対新羅関係を日本は三韓征伐伝説で根拠づけ、その伝説は和銅《わどう》五年（七一二）成立の『古事記《こじき》』、養老《ようろう》四年（七二〇）成立の『日本書紀』に成文化された。特に『日本書紀』は上記のように「これをもって新羅王は常に『八十船の調』をもって日本国に貢ぎたてまつる。これその縁（由緒）なり」と、新羅が「調」を貢ぐ起源譚として三韓征伐伝説を明確に位置づけている。

神功伝説は和銅六年に撰進が命じられた『風土記《ふどき》』にもみえており、摂津国《せっつのくに》の美奴売松原《みぬめのまつばら》は皇后が出征に当たって神祇《じんぎ》を集めて加護を祈った場所とされ、奈良時代には来朝した新羅使にその場所（敏売崎《みぬめざき》、兵庫県神戸市灘区《なだく》）で御酒《みき》を賜う給酒儀礼が行われた。神亀元《じんき》年（七二四）には神功・仲哀を祀る香椎廟も創建されて、以後の日本の為政者の対新羅意識を規定していくのである。

対新羅意識の変化

奈良時代の天平勝宝《てんぴょうしょうほう》四年（七五二）、新羅の王子金泰廉《きんたいれん》が貢調の使者として来日し、「新羅国は遠い時代から世々絶えることなく船を連ねて日本の天皇に奉仕してまいりました。今、国王がみずから来朝して御調を貢進したいところですが、主君がいなくては国内が治まりません。そこで王子が王の代わりに大使となって使節団を率いて入朝いたしました」と外交辞令を述べた。それに応えて日本は

「新羅国が日本に奉仕することは気長足媛皇太后（神功皇后）が新羅国を平定して以来のことで、今に至るまで我が藩屏《はんぺい》である。それにもかかわらず、前王の承慶《しょうけい》（孝成王《こうせいおう》：在位七三七〜七四二年）は言行怠慢にして礼を欠いた態度であった。そのため罪を問う使者を派遣しようとしていたが、今、現王の軒英《けんえい》（景徳王《けいとくおう》）が先の過《あやま》ちを悔い改め、王子を入朝させて貢調してきたのは喜ばしいことである。今後は国王みずから来朝して言葉を述べるか、もしくは代理の者を派遣するのであれば必ず表《ひょう》（臣下が君主に奉呈する唐の制度に基づいた形式の文書で上表文《じょうひょうぶん》とも言う）を持参するように」と訓令している。

ここで注意したいのは、三韓征伐伝説に基づく歴史観は決して日本の中だけに留められた政治説話ではなく、新羅との現実の外交儀礼の場で実際に主張され、新羅もそれを（史実と認めていたかどうかはともかく）承知していたという事実である。

そして日本は、新羅との関係をその伝説で根拠づけた「調」の名辞によって表象させるだけでなく、都城整備にともない神亀三年（七二六）から中国の皇帝にならって天皇が大《だい》極殿《ごくでん》に出御《しゅつぎょ》して新羅使から調の貢納を受ける中国的礼制を導入して強化した。さらには、口頭で臣下としての言葉を述べるだけだった新羅使に対して、調とともに国王の表を提出するよう求め、それがないうちは調の貢納儀礼に天皇が出御しない態度をとることによって、より明確な君臣関係の履行を迫ったのである。

しかし新羅は、特に七三五年に唐から浿江《ばいこう》（大同江《テドンガン》）以南の旧高句麗領の領有を認められたことで半島統一戦争の戦後処理に最終的な決着がついて以降、「調」の名称を意図的に変更したりして日本に対する屈辱的な関係を払拭しようとしばしば試み、表を提出することもついになく、その都度、外交問題化した。孝成王が礼を欠く態度をとったのもそのためで、即位前年の天平《てんぴょう》八年（七三六）に日本から派遣された使節を冷遇し、在位中一度も調を貢進しなかった。使命を果たせず翌年に帰国した使節の報告を受けて日本の朝廷では、「その由《よし》を問え」（これは金泰廉に対して述べた「孝成王の罪を問う」に対応するから、問責・詰問を意味する厳しい意見であり、ただ理由を問おうという穏健・慎重な意見ではない）あるいは「発兵して征伐を加えるべし」という強硬論が噴出し、「新羅無礼の状」を皇祖神アマテラスを祀る伊勢神宮《いせじんぐう》（三重県伊勢市）と、皇室を守護する大神神社《おおみわじんじゃ》（奈良県桜井《さくらい》市《し》）、および九州の宇佐八幡宮と香椎廟ならびに住吉神社《すみよしじんじゃ》（福岡市博多区）に報告するなど、一触即発の事態となった。

大神神社に祀る大三輪《おおみわ》の神は神功皇后が出征に当たって刀と矛《ほこ》を奉納して戦勝祈願した神であり、住吉神社もまた、神功皇后に神憑《かみがか》りして三韓を授けると託宣した神々の一つとして征討に従軍した表筒男《うわつつのお》・中筒男《なかつつのお》・底筒男《そこつつのお》の三神を祀る神社である。ここでも、奈良時代の為政者が新羅との関係を三韓征伐伝説に基づいて認識していたことが明瞭に確認でき

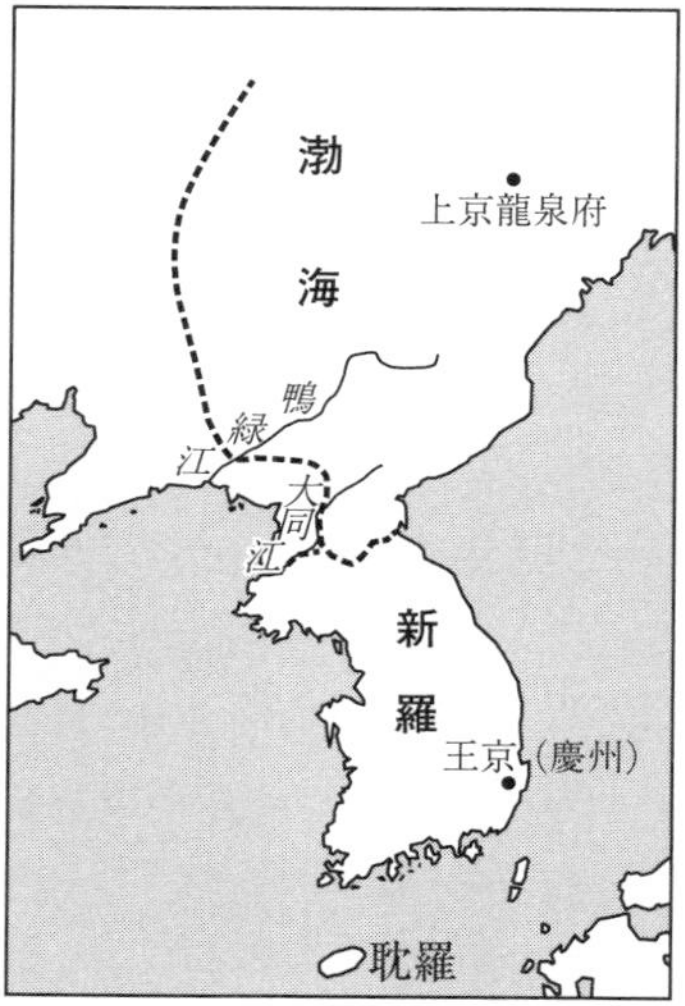

図11　新羅と渤海

る。

この時は直後に日本国内で疫病が大流行して政権トップの左大臣藤原《ふじわらの》武《む》智麻呂《ちまろ》以下、政府首脳までもが次々と病《やまい》に斃《たお》れてそれどころではなくなり、徴兵も一時停止して復興に当たったために有耶無耶《うやむや》となったが、のちに政権を握った藤原仲麻呂《ふじわらのなかまろ》は新羅の北方で勢力を拡大していた渤海《ぼっかい》と軍事同盟を結んで天平宝字《てんぴょうほうじ》三年（七五九）から数年がかりで新羅征討の準備を着々と進め、香椎廟に戦勝祈願して出兵直前までいったこともあった。この時もまた、天平宝字六年に渤海が作戦の撤回を申し入れてきたために戦争には至らなかったが、服属関係の解消を求める新羅に対して奈良時代の日本は軍事力をもってそれに応えようとする好戦的な態度を繰り返し示したのである。神功皇后の三韓征伐伝説は、大規模渡海作戦によって新羅を無血降伏させて服属を誓わせた、まさに奈良時代の為政者が抱く対新羅関係の理想像そのものなのであった。

ところが、渤海との軍事同盟が解消されたあと、先述した宝亀五年（七七四）の場合は少しばかり様子が違った。「調」を「信物」に変え、「貢調」を「修好」に改めて来朝した新羅使に対して不信感を募らせた日本の朝廷は、新羅が神功皇后以来の恩義を顧みることなく日本を呪詛しているとして、国土を守護する四天王の像に読経して災いを払いのけようとしている。以後も、新羅海賊が発生すると、好戦的な態度はなりを潜めて、三韓征伐の怨みを晴らすために新羅が攻めてくるかもしれないと脅えて神明に加護を祈るなど、むしろ恐怖心が先に立つようになっている。新羅を屈服させるための出兵の根拠とされた三韓征伐伝説が、逆に、新羅による日本侵攻の遠因と考えられるようになったのである。

外交・軍事政策の転換

この変化の背景には外交方針の転換と軍事力の解体があった。渤海との軍事同盟を解消したことで新羅との戦争が実質的に遂行困難になると、軍団での軍事訓練はなおざりにされて軍隊として役に立たなくなっていた。巨大な軍事力を背景に新羅を圧服する外交は維持できなくなっており、そのことが宝亀五年（七七四）の対応を生んだのである。

そして、宝亀十一年には、ついに服属を強要する外交方針そのものを放棄した。以後、新羅使の来朝はなくなり、日本からも遣使を督促することが一切なくなる。これと軌を一にして、服属要求の強制装置として組織された軍団も辺境の九州・東北を除いて余剰なものを縮小・廃止していった。東国から派遣されて九州の国境警備に当てられていた東国防人《さきもり》もすでに廃止されており、東国の兵力はこの頃から激しさを増した蝦夷の反乱の鎮圧に振り向けられていった。征夷のさなかに他の地域の軍団が削減されていくことからみても、全国の軍団の存在理由が国防や征夷にあったわけではないことが分かるだろう。平安初期の天長《てんちょう》三年（八二六）には九州の軍団もすべて廃止されて、以後の西の国境の警備は九州で徴発された防人や雇役《こえき》の兵士など、わずかな兵力で担うこととなったのである。

貞観の新羅海賊事件において国防の備えがないと言われたのは、このようにして対外的常備軍を解体していたためであった。その心理的不安が、外敵の脅威に直面するたびに三韓征伐伝説を思い起こして、日本は神明に守られた「神国」であると自らに言い聞かせ、神々に加護を祈る神国思想となって表れるのである。

平安時代の武力

辺境警備の兵士は十世紀以降の史料にはほとんどみえない。平安時代の日本は国家的な軍隊を持たない国となった。

刀伊の入寇で活躍した武士は、国家の軍隊に代わって国内の群盗海賊・反乱鎮圧に当たることを職能とした身分集団である。彼らは自己の修練によって武芸を身につけた者だけで武力を担うようになった。律令軍団制が一般の成人男性を広く徴兵して兵士としたのとは大きく異なっている。

『宋史《そうし》』日本国伝には、十一世紀の初め、中国商人の船で宋に渡った日本人の「滕木吉」という人物が皇帝に召されて拝謁し、所持していた木弓で矢を射てみせた記事がある。この時、滕木吉は矢を遠くに飛ばすことができず、理由を問われて「日本の人々は戦闘を習うことがないのです」と弁明している。

律令軍団制では、器械式の「弩《ど》」という大陸から朝鮮半島を経由して伝わった武器が配備されていた。弩はさほど訓練を要さずに強力な矢を放つことができるが、体全体を使って弦を引き金に掛ける必要があり速射性には劣る。そのため律令軍団制のような隊列を組む歩兵の集団的運用に適合した武器であった。日本ではこの武器を神功皇后が製作したものとも言い伝えて重用し、東北の蝦夷征討にも用いられていたが、騎馬個人戦術を主体とする武士にとっては馬上で扱えて速射性にも優れた弓の方が有効であり、この頃には使われなくなっていた。

当時の日本の武器は誰もが扱えるものではなくなり、むしろ五・六人張りの強弓《ごうきゅう》など、鍛錬によって技量を高めることで大きな威力を発揮するものとなった。武力を武士身分で占有するにはその方が都合がよく、武士は少数精鋭であった。国内の治安維持のためだけなら、それで事足りたのである。

しかしそれは外敵が大挙して襲来した時などは多勢に無勢となり必ずしも有効であるとは言えない。刀伊の入寇を武士が撃退できたのは、彼らが使用していた音を鳴らして飛ぶ

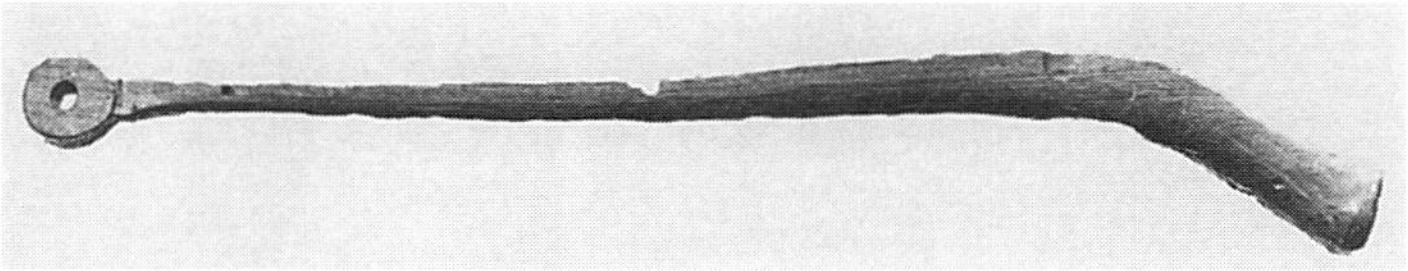

姫原西遺跡（島根県）出土の弩形木製品，臂（ひ）と呼ばれる弩の本体部分
弥生時代終末期

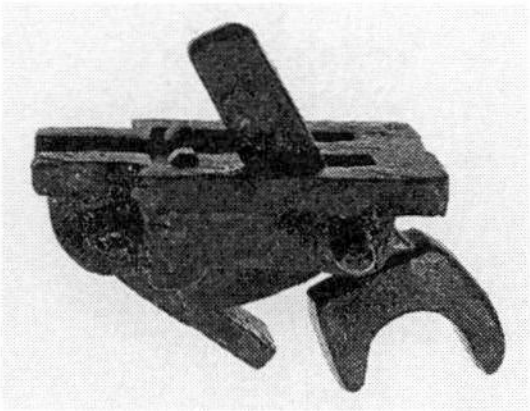

伊治城跡（宮城県）出土の弩機
弩の引き金の部分，奈良時代後期

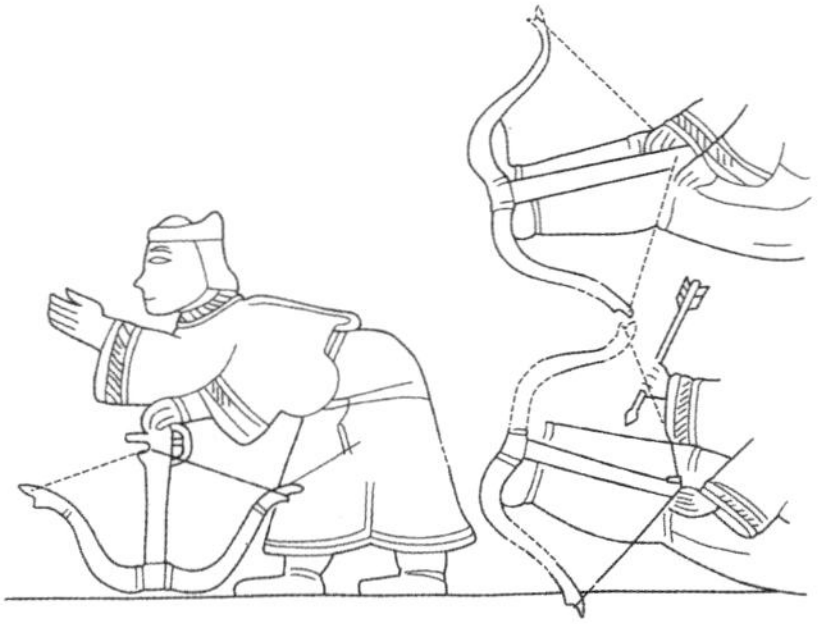

全身で弩の弦を引く様子（中国漢代）

図12　出土した弩

上：『姫原西遺跡　一般国道９号出雲バイパス建設予定地内埋蔵文化財発掘調査報告１』島根県教育庁文化財課・島根県埋蔵文化財調査センター，1999年 より，島根県埋蔵文化財調査センター提供

左下：『築館町文化財調査報告書 第13集　伊治城跡』築館町教育委員会，2000年 より

右下：『特別展 始皇帝と大兵馬俑』NHK・NHK プロモーション・朝日新聞社，2015年 より，林巳奈夫氏原図

鏑矢《かぶらや》に賊が恐れおののき効果的だったという面もあった。武士の力を過大評価することはできず、平安時代には国防の手薄さが常につきまとっていた。そのことを貴族はよく自覚していたからこそ、外敵の侵攻を恐れたのである。

平安時代の日本には対外的軍備がない。これが外交を行ううえでの基礎的条件の一つであった。もう一つの条件は、朝鮮半島との関係についての歴史認識が三韓征伐伝説を起点としており、平安貴族にとってのそれは架空の物語ではなく歴史的事実とみなされていた、ということである。彼らの外交判断や対外意識はこの条件を前提として理解しなければならない。刀伊の入寇が「敵国」高麗の侵攻を想起させた理由がここにある。

朝鮮半島と平安時代の日本

九世紀の日本と朝鮮半島

前章では、刀伊《とい》の入寇《にゅうこう》という事件を考えるなかで、平安時代の日本の外交の前提となる基礎的条件として、対外的軍備がないこと、および三《さん》韓征伐《かんせいばつ》伝説が歴史認識の起点となっていたこと、の二点を挙げた。それを踏まえてここでは、九世紀から十世紀の朝鮮半島およびその北方の東北アジアと日本の外交関係をみていこう。

新羅使の途絶

先に述べたように、八世紀末の宝亀十一年（七八〇）に日本は外交方針を転換し、三韓征伐伝説に基づいて新羅《しらぎ》に服属を要求することがなくなる。それによって新羅からの遣使も途絶え、以後は日本の遣唐使《けんとうし》が朝鮮半島方面に漂流した場合に備えて保護を要請するなど事務的な交渉に限られるようになった。また、その交渉も日本の太政官《だいじょうかん》と新羅の執事《しつじ》省《しょう》という互いの中央官庁のあいだで牒《ちょう》を取り交わす形で行われ、王権相互の関係性は失われた。

奈良時代の日本は新羅とともに渤海《ぼっかい》にも君臣の礼をとるよう求めていた。

日本と渤海の関係

渤海は高句麗《こうくり》の遺民と靺鞨人《まつかつじん》（東北アジアに居住した女真《じょしん》の前身）によって六九八年に建国され、初めは振国《しんこく》（震国）を称したが、七一三年に唐から「渤海郡王」に冊封《さくほう》されたことで国号を「渤海」とした国であり、高句麗《こうくり》の後継国を自認していた。そこをとらえて日本は、『高麗旧記《こまのきゅうき》』（「高麗」は高句麗のこと）なる記録を持ち出して、かつての高句麗は日本と君臣の間柄であったと主張し、渤海にもその関係を踏襲するよう求めた。それは三韓征伐伝説の歴史観にも叶うものであった。ただし、日本は渤海に対して「調」の貢納を要求することはなく「信物」の呼称を許容していた。奈良時代の日本の外交の基軸は対新羅関係にこそあり、渤海は副次的な存在だったのである。

渤海から日本に初めて遣使があったのは神亀四年（七二七）のことで、その時に渤海郡王大武芸《だいぶげい》は「武芸啓《もう》す」で始まる啓《けい》様式の外交文書を用いて日本に通交を求めた。「啓」とは、下位の者が上長に奉じる形式の文書であり、君臣関係には満たない緩やかな上下関係を表している。渤海から日本へは、この啓様式の文書による通交が行われたが、日本は

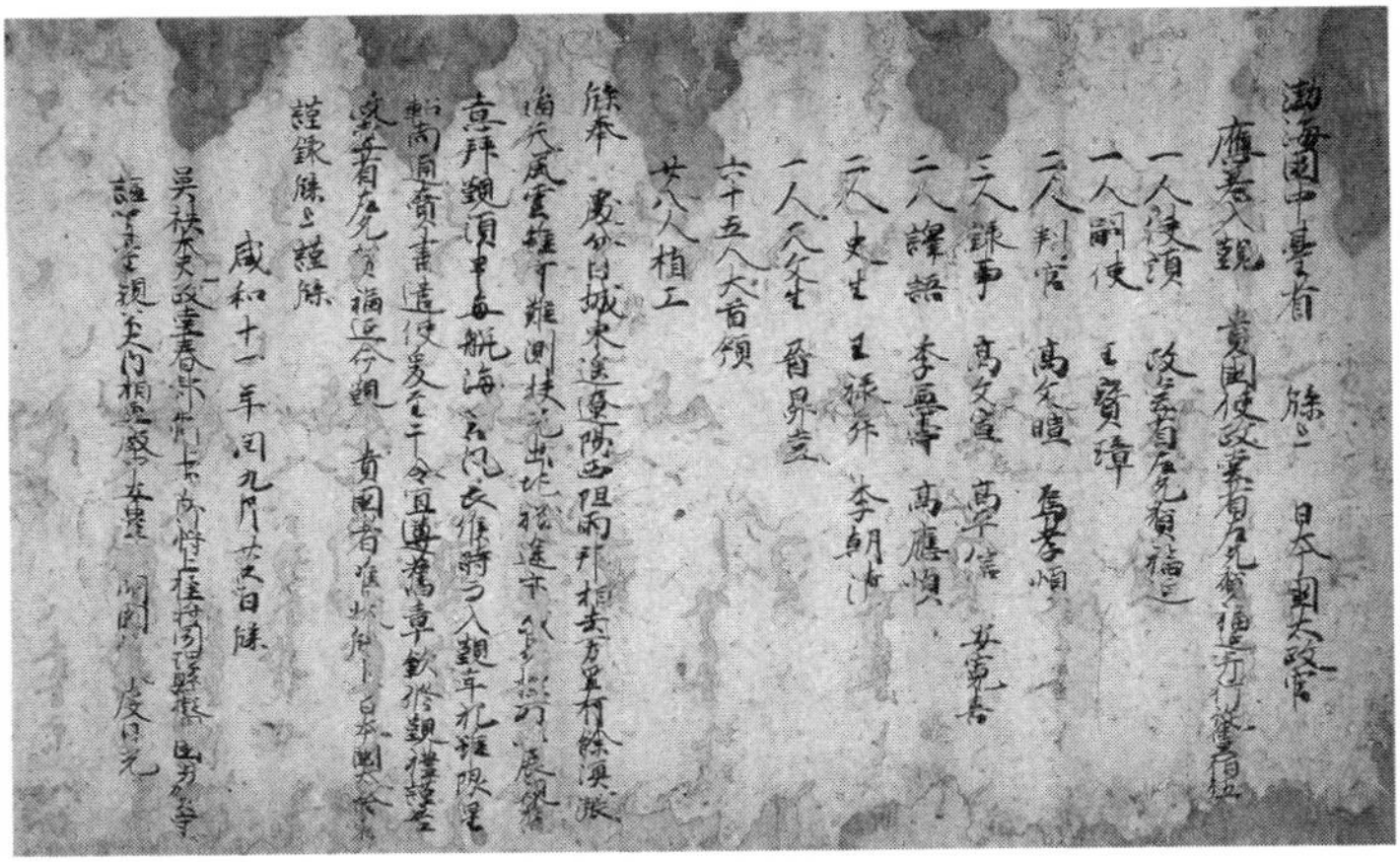

図13　咸和十一年（841）渤海国中台省牒写し（宮内庁書陵部所蔵）

新羅に対しても渤海に対しても、「天皇敬《つつし》んで○○王に問う」と臣下に語りかける慰労《いろう》詔書《しょうしょ》の様式を用いた。そして、天平十一年（七三九）からは渤海にも臣下が君主に奉《たてまつ》る「表」の様式を用いるよう要求するようになる。

渤海はこの要求をすぐには受け入れず、そのため日本も外交文書と信物の奉呈儀礼に天皇が出御しない形で外交儀礼を行った。しかし、七三五年に唐が旧高句麗領の領有を新羅に認めたことに不満を抱いていた渤海は、七五五年に安史《あんし》の乱《らん》が勃発して唐が周辺国に手出しできない状況になったとみるや、その情報を日本に提供して新羅征討の共同作戦を相互に結んだ。このとき渤海王大欽茂《だいきんも》は唐から授けられた「渤海郡王」の称号ではなく「高《こ》麗国王《まこくおう》」を名乗り、日本の「皇帝」淳仁天皇《じゅんにんてんのう》に対して初めて「表」を奉呈した。淳仁天皇は渤海使の持参したこの表を大極殿に出御して受け取ったのである。

この関係は、唐を中心とした冊封の秩序とは別に、日本と渤海とのあいだで特殊な君臣関係が結ばれたことを意味する。渤海にとってそれは、高句麗の継承国を意味する「高麗国」の立場で旧高句麗領の領有権を主張し、その承認を日本から得ることによって、共同でその地を新羅から奪取しようとする軍事同盟の締結であった。日本にとってもその同盟は、高句麗の服属という三韓征伐伝説の再現にとどまらず、君臣関係を厭《いと》う新羅を軍事力で屈服させる絶好の機会となるものであった。

図14　平城宮木簡（奈良文化財研究所所蔵）
天平宝字二年（七五八）に渤海に派遣されて同年に帰国した使節の位階を二階昇進させることを記した木簡。遣渤海使を「遣高麗使」とする。

九世紀の日本の外交姿勢

しかしその後、内乱に苦しむ唐が渤海に援助を求めたことで両者の関係がかつてないほどに融和すると、渤海はこれに満足して唐の冊封国《さくほうこく》である新羅との戦争を回避するために日本との軍事同盟を解消した。それによって、戦争準備に邁進《まいしん》していた藤原仲麻呂《ふじわらのなかまろ》と淳仁天皇の政権が崩壊して新羅征討計画も雲散霧消したことは、石井正敏氏の研究に詳しい（『日本渤海関係史の研究』吉川弘文館、二〇〇一年）。それからの渤海は日本に対して「高麗国」と称することをやめ、外交文書でも臣下としての書式を踏襲せず、日本とのあいだに軋轢《あつれき》を生じるようになった。

表の書式は「臣〇〇（名前）言《もう》す」と書き出し、文末の日付の下（日下《にっか》）に官職と名前を記すものであり、日本は渤海に対して上表して臣を称することを要求していたから、両国の同盟下において渤海は「臣欽茂言す」と書き出して日下に「高麗国王」の称号や大欽茂の姓名を記した表を奉呈したと思われる。しかし、宝亀二年（七七一）に来日した渤海使のもたらした表は日下に官品《かんひん》・姓名を記すことなく、むしろ「天孫」を僭称《せんしょう》するなどした不遜なものであった。

こうして思い通りの外交関係を維持できなくなった日本は、新羅と同様に渤海に対しても宝亀十年を最後に臣下の礼を求めることをやめた。新羅と異なり渤海はその後も、外交の目的を軍事から交易に変えて日本との関係の継続を望んだために国が滅亡するまで遣使を続けたが、その外交文書の書式は「表」ではなく上長に奉じる「啓」で〈礼〉に叶うものとされ、君臣関係は撤廃されることとなった。渤海王啓に対して日本はこれまで通り慰労詔書で答えたものの、渤海に外交使節を派遣することはなくなり、渤海使の来朝もその間隔を一二年に一度と定めて一方的に受け入れるだけの関係となった。

また、平安初期の弘仁《こうにん》五年（八一四）に日本は新羅使の来朝があった場合に備えて「新羅の王子が来朝した時、もし朝献の意志があれば、渤海の例に準拠して応対する。ただし、友好関係を希望するだけの使者であれば答礼を用いることなく、帰りの糧食を与えてただちに帰国させる」という方針を定めた。現実には、新羅からの遣使が途絶えてからすでに三〇年余りを経過していた当時に新羅使の来朝を期待できるはずもなく、この取り決めは形式的なものにすぎなかった。ただ、ここで重要なことは、廣瀬憲雄氏が指摘するように、新羅に対しても渤海の例に準拠して応対するとしたことであり、その渤海の例とは、君臣秩序に依らない「啓」を許容した関係であった（「日本の対新羅・渤海名分関係の検討」『東アジアの国際秩序と古代日本』吉川弘文館、二〇一一年）。

ずっと後のことだが、仁和《にんな》元年（八八五）に新羅国使を名乗る船が肥後国天草郡《ひごのくにあまくさぐん》（熊本県天草市）に現れる出来事があった。この使者は前年に日本の沿岸に漂着して糧食を賜り帰国した者であるといい、その時の日本の仁恩に感謝して新羅執事省《しつじしょう》牒《ちょう》と信物《しんぶつ》をたずさえて来日したという。この使者が所持していた執事省牒は函《はこ》に納めず紙に包むだけであるなど体裁の疑わしいものであったため、日本は受け入れを拒否して帰国させた。この時、日本政府は使者の問題点の一つに「国王啓」を持参していないことを挙げている。

それまでも新羅使が王啓を奉ったことはなく、新羅王の意志は使者が口頭で述べる形式で伝えられるのが常であった。それに対して奈良時代の日本は「表」の提出を要求して新羅と対立していたのだが、この時には「表」ではなく「啓」の有無が問題とされている。ここにも君臣関係の樹立にこだわらなくなった平安時代の日本の外交姿勢がよく表れている。

このようにして、九世紀の日本は新羅・渤海に君臣関係を求めることをやめ、それにともなって新羅との王権相互の関係も途絶え、渤海とは使者を受け入れるだけの関係となった。遣唐使の派遣も延暦《えんりやく》二十三年（八〇四）と承和《じようわ》五年（八三八）の二度に留まり、外交関係は大きく縮小したのである。

遣唐使の派遣による唐との外交は、中華文明の先進的な文化を摂取するためであると同時に、唐を中心とした秩序のなかで新羅・渤海の上に立とうとする日本が国際的な評価を得るための政治外交の場でもあった。そのため、国際的な地位を求めなくなった九世紀以降の日本にとって、遣唐使の必要性は相対的に低下していた。また、この頃になると中国の江南《こうなん》地方の経済的な発展にともない、唐人・新羅人の協業による貿易船が東シナ海を股にかけて活動しはじめ、日本にも来航するようになった。時にはこの貿易船に日本人僧侶や日本政府の派遣する交易のための使者（入唐交易使《にっとうこうえきし》）が便乗して中国に渡り、文物や知識を日本にもたらすこともあった。そうして、遣唐使の派遣は減少したのである。

十世紀の半島情勢と「積極的孤立主義」

十世紀の朝鮮半島情勢

平安時代の日本の外交関係にさらに大きな影響を与えたのが、九〇七年の唐の滅亡にはじまる十世紀の国際変動であった。まず、朝鮮半島の情勢からみていこう。

九世紀の新羅は災害や飢饉、疫病の流行と、それらにともなう盗賊の発生などで社会が混乱し、海外移住する者もあらわれた。唐に渡った新羅人のなかには、唐人とともに海上貿易に従事する者もいた。貞観の新羅海賊事件の際に不安視された大宰府《だざいふ》管内に居住する新羅人も、そのようにして日本に亡命してきた帰化新羅人であった。

新羅の力が衰えるなか、九世紀末になると各地に自立的な政治勢力があらわれ、武珍《ぶちん》州《しゅう》（韓国・光州広域市《クアンジユグアンヨクシ》）の甄萱《けんけん》や北原《ほくげん》（韓国・原州市《ウオンジユシ》）の梁吉《りようきつ》などが台頭した。

古代朝鮮の歴史を記した『三国史記《さんごくしき》』によれば、甄萱は尚州加恩県《しょうしゅうかおんけん》（韓国・慶尚北道《キョンサンブクト》聞慶市《ムンギョンシ》）の農民の子で、軍に入って西南の海防で頭角をあらわして将軍となったが、政治の乱れや飢饉・群盗蜂起の社会不安のなか、八九二年に半島西南部の勢力を糾合して武珍州を襲い、自立して公然と「王」を称して「新羅西面都統指揮兵馬制置《しらぎせいめんととうしきへいばせいち》・持節《じせつ》・都督全《ととくぜん》武公等州軍事《ぶこうとうしゅうぐんじ》・行全州刺史兼御史中丞《こうぜんしゅうししけんぎょしちゅうじょう》・上柱国《じょうちゅうこく》・漢南郡開国公《かんなんぐんかいこくこう》、食邑二千戸《しょくゆうにせんこ》」の官爵を自署に用いた。さらに九〇〇年には拠点を完山州《かんざんしゅう》（全州《ぜんしゅう》。韓国・全羅北道全州《チョルラプクトチョンジュ》市《シ》）に移し、新羅に滅ぼされた百済《くだら》の雪辱を訴えて「後百済王《ごくだらおう》」を自称すると、中国の王朝にも遣使して、唐の滅亡後に杭州《こうしゅう》を都として勢力を誇った呉越《ごえつ》から自称する官爵の承認と検校大保《けんこうたいほ》の加授を受け、九一八年にも中大夫《ちゅうたいふ》を加えられた。さらに九二五年には洛陽《らくよう》を都とする後唐《こうとう》に遣使して検校大尉兼侍中判百済軍事《けんこうたいいけんじちゅうはんくだらぐんじ》の称号を授かり、「海東西面都統指揮兵馬制置等事」などの官爵を認められて「百済王」に冊封されている。

一方、梁吉は北原を拠点に雄強を誇ったが、八九四年に部下の弓裔《きゅうえい》が自立して「君」を称し、八九七年には松嶽郡《しょうがくぐん》（松岳郡。北朝鮮・開城特別市《ケソントゥクピョルシ》）を都と定めて梁吉を破った。弓裔は甄萱への対抗から、自らも新羅に滅ぼされた高句麗の復讐を唱えて九〇一年に「王」を称し、ここに再び新羅・百済・高句麗が並び立つ後三国《ごさんごく》の鼎立《ていりつ》が生まれた。弓裔は九〇四年には国号を「摩震《ましん》」として鉄円《てつえん》（江原道鉄原郡《カンウオンドチョルオングン》）に遷都し、九一一年には国

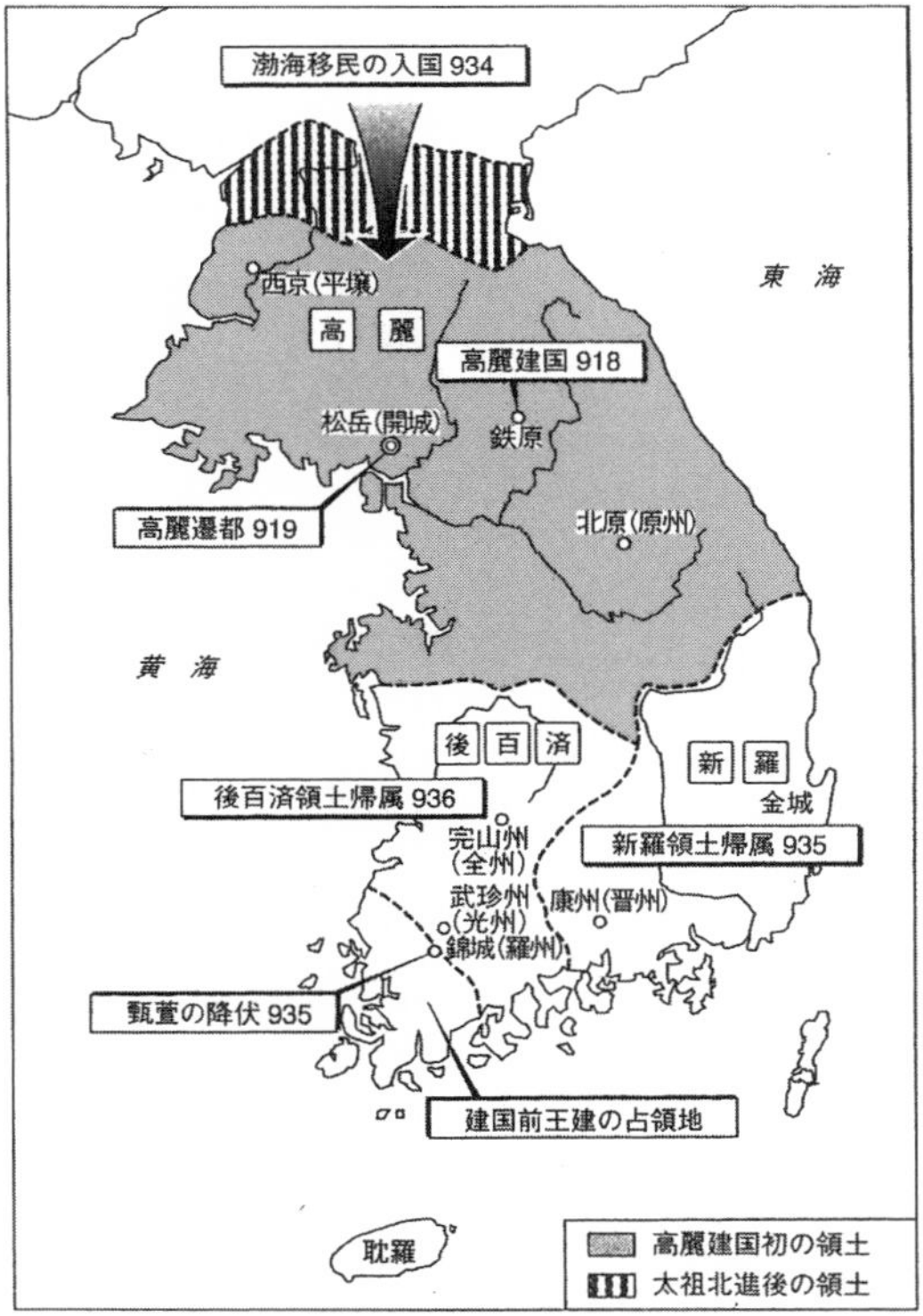

図15　後三国の鼎立と高麗の統一（大槻健・君島和彦・申奎燮訳『新版 韓国の歴史 第二版―国定韓国高等学校歴史教科書―』明石書店，2003年より）

号を「泰封《たいほう》」に改めたが、やがて妻子や部下を処刑するなどして人心が離れ、九一八年に諸将が推戴《すいたい》した配下の王建《おうけん》に取って代わられた。

王建は松嶽郡の豪族出身で弓裔の配下となって武勲をあげ、弓裔を誅して王位に即《つ》くと国号を「高麗《こうらい》」とし、翌年には松嶽郡を「開州《かいしゅう》」に改称して開京《かいきょう》を王都とした。そして、九三五年には新羅を降伏させ、翌九三六年に後百済を滅ぼして半島の統一を成し遂げた。

　また、半島の北方では、九二六年に渤海が契丹《きったん》によって滅ぼされている。契丹の太祖《たいそ》耶律阿保機《りつあぼき》は渤海の故地を東丹国《とうたんこく》として、長子の倍《ばい》を王に冊立して統治させた。しかし、太祖の死後、九二七年に倍の弟の尭骨《ぎょうこつ》（太宗《たいそう》）が帝位に即くと、翌年には渤海遺民の抵抗や帝位を争った倍の監視のために東丹国は旧渤海領を放棄して遼陽《りょうよう》（中国・遼寧省《りょうねいしょう》遼陽市）に遷《うつ》され、倍は九三〇年に後唐に亡命した。その後も東丹国は九四〇年代までは存続したようだが、やがて契丹（遼）に接収されて実態を失った。

新羅海賊と新羅の牒

　このような朝鮮半島の動乱のなか、寛平《かんぴょう》五年（八九三）から六年にかけて新羅海賊が多数の船で対馬《つしま》や北部九州を断続的に襲撃した（寛平の新羅海賊事件）。この海賊は将軍の率いる大小一〇〇艘からなる船団で、生け捕りにした賊の言によれば、不作で飢えに苦しむ人民が新羅王の苛酷な徴税に耐えかねて起こしたことだという。日本でもその頃は連年、旱魃《かんばつ》や疫病の流行に見舞われている。当時の新羅国内の状況は『三国史記』甄萱伝にも、彼が挙兵した八九二年頃のこととして「飢饉によって人々が流浪し、群盗が蜂起した」とある。

　また、『異国牒状記《いこくちょうじょうき》』という南北朝時代に先例をまとめた史料によれば、延喜七年（九〇七）に新羅から日本に牒状が到来したという。これに対して日本は中央で文章博士《もんじょうはかせ》に起草させた大宰府牒を返事として送った。地方官衙の大宰府が返事する体裁をとることで拒絶の意志を表したのである。この年、半島では弓裔と甄萱が勢力を伸ばし、新羅は一善郡《ぜんぐん》（韓国・慶尚北道亀尾市《クミシ》）以南の一〇余城を甄萱に奪われている。内乱に苦しむ新羅が日本との関係を模索して牒状を送ってきたのであろうか。ただ、他に関連史料がなく詳細は不明であり、あるいは次にみる甄萱の遣使の事例を、年次を誤って記載したものかもしれない。

一《いち》

甄萱の遣使と「一千年の盟約」

九一八年に高麗王に即位した王建が半島各方面に使者を送り融和を求めると、甄萱は即位を祝賀し、新羅も九二〇年に高麗に遣使して友好な関係を結んだ。しかし、同年に甄萱の攻撃を受けた新羅が高麗に救援を求め、これに応えて高麗が援軍を送ったことで、甄萱は高麗と対立するようになった。

そうしたなか、延喜二十二年（九二二）に甄萱の使者が「表函《ひょうかん》」（上表文《じょうひょうぶん》を納めた函《はこ》）と「方物《ほうぶつ》」（地方の産物）をたずさえて対馬に到来した。この時に日本が甄萱を「都統甄公」と呼んでいることからすると、その「表」は自称する「後百済王」としてではなく呉越から国際的な認知を与えられていた「新羅西面都統」の立場で書かれ、その官爵と自身の姓名「甄萱」を署した表の書式を踏まえたものだったらしい。そのなかで甄萱は国内の乱れを収めた自らの功績を謳《うた》い、日本との盟約を守るために専使を遣わしたと述べていた。

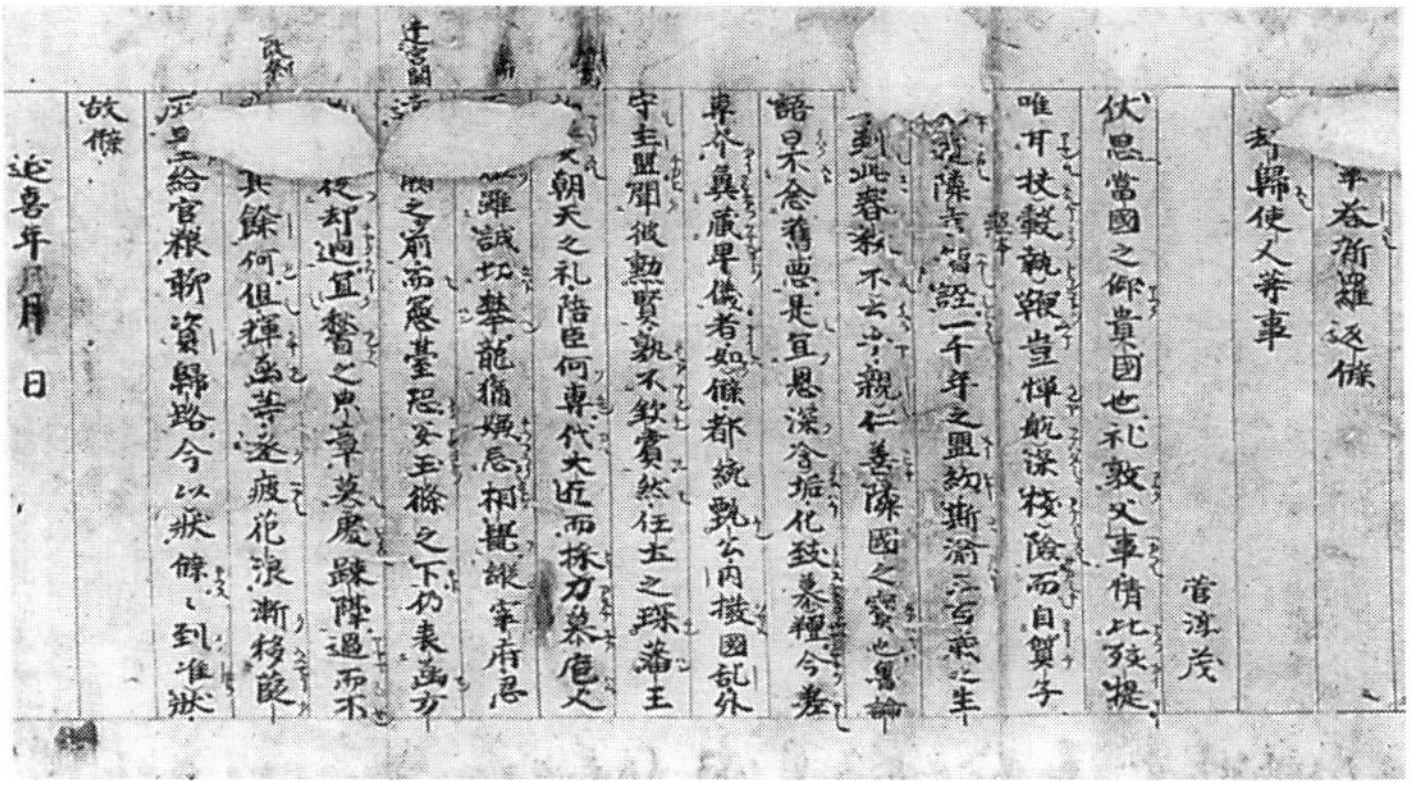

図16　『本朝文粋』巻12・牒・大宰府答新羅（甄萱）返牒（身延山久遠寺所蔵）

盟約について甄萱は次のように言う。

「伏して思いますに、当国（新羅）が貴国（日本）を仰ぐことは、礼は父親を敬うように厚く、情は幼子《おさなご》が親を愛するようでございます。使者を派遣するのにどうして海路の深さや陸路の険しさを憚《はばか》るでしょうか。しかし、質子《しちし》（人質《ひとじち》）が逃《のが》れて偽《いつわ》り欺《あざむ》いたことにより、一千年の盟約は変わってしまい、三百年の疎遠な関係が今に至っています。『春秋《しゅんじゅう》』に〈仁に親しみ隣に善《よ》くするは国の宝なり〉といい、『論語《ろんご》』にも〈旧悪を念《おも》わず〉とあります。どうか過《あやま》ちをお許しいただき、徳化《とっか》を慕って通交することをお認めください。」

この表にいう「質子逃遁《ちょうとん》、隣言矯誣《きょうふ》」とか「一千年の盟約」「三百歳の生疎《せいそ》」とは一体、何を指すのだろうか。私見では、実はこれも日本の三韓征伐史観を踏まえた表現であると思われる。

『日本書紀』には、神功皇后に降伏した新羅王が「八十船《やそぶね》の調《みつぎ》」とともに質として倭に送った微叱己知《みしこち》という人物が後年に来倭した新羅使と語《かたら》い、偽りの理由を述べて本国に逃げ帰る話がある。まさに、神功皇后と服属の誓いを結んだ一千年にも及ぶ永遠の盟約が、質の偽計を用いた逃亡によって損なわれたのである。新羅の質に関しては、この事例の他にも大化《たいか》の改新《かいしん》から白村江の戦いに至る期間に受け入れたことがあったが、そちらには「逃遁」や「矯誣」（偽り欺く）と言えるような事実はなく、ここでは該当しない。

神功紀の質の物語はもともと別に伝承されていた話が神功伝説に組み込まれたものらしく、対応する物語が朝鮮の歴史書の『三国史記』や『三国遺事《さんごくいじ》』にも記録されている。『三国史記』によれば、新羅の実聖王《じっせいおう》は自身を高句麗に質として送った奈勿王《なもつおう》を怨み、帰国して王に立つと、奈勿王の子の訥祇《とつぎ》を高句麗に質として送る途中で暗殺しようとし、訥祇が難を逃れて帰国するとその弟の卜好《ぼくこう》を高句麗の質とした。また、倭と講和した際に質を要求されてもそれを拒まず、訥祇・卜好の弟の未斯欣《みしきん》を倭に送った。その後、訥祇が実聖王を弑殺《しいさつ》して王に立つと、卜好を高句麗から迎え入れ、未斯欣も倭から逃げ帰った。その際、未斯欣の帰還のために倭に派遣された朴提上《ぼくていじょう》は策謀によって未斯欣の逃亡を成功させたものの、自身は島に流されて処刑されたという。『日本書紀』にいう微叱己知はこの未斯欣に当たる。ただし、この話は四世紀末から五世紀初めの出来事であり、甄萱の時代からみれば五〇〇年ほど前のことだから「三百歳の生疎」とは対応しない。「三百歳」は具体的な意味を持つ数字というより、「一千年」と同様に長い年月を意味する観念的な数字であろう。

このように、甄萱は新羅の質の逃亡という歴史的事実を踏まえて表文を作成したと思われる。しかし、倭と新羅のあいだで父子関係に比される「一千年の盟約」が結ばれたという歴史観は新羅には存在しない。甄萱の表で述べられた両者の関係は、かつて日本が新羅に対して主張した歴史観を踏襲したものにほかならない。

三韓征伐伝説に基づく日本の歴史観は新羅でも熟知されていたのであり、甄萱はそれに迎合して「新羅西面都統」として新羅王に成り代わってその「盟約」を果たす姿勢を示すことで、日本と関係を結んで高麗との対決のための後ろ盾を得ようと目論んだのであろう。

しかし、日本は新羅王の陪臣にすぎない甄萱が藩王《はんおう》（天子に仕える王）の礼をとる資格はないとして通交を拒否し、表函と方物を返却した。甄萱の表は天皇に奉呈したものであったと思われるが、その返事は天皇が出すのではなく大宰府の牒で回答することによって、拒絶の意志を示したのであった。

それからしばらく後の延長七年（九二九）、甄萱は再び日本に使者の張彦《ちょうげん》澄《ちょう》らを派遣して「朝貢」の意志を示してきた。ちょうど、高麗と激しい戦闘を行っていた頃である。

「百済王」甄萱の朝貢

この年、貪羅島《どんらとう》（耽羅《たんら》。韓国・済州島《チェジュド》）で海藻を交易していた新羅人が対馬に漂着した。対馬ではこの漂着者に食料を与えて保護し、通訳の新羅擬通事《ぎつうじ》長岑望通《ながみねのもちみち》と護衛の検非違《けびい》使《し》秦滋景《はたのしげかげ》に伴わせて新羅の全州に送還した。送還に当たっては、そのことを通知する対馬島牒が全州に対して出されている。

対馬が漂流民を送還した全州は甄萱の拠点であり、甄萱は長岑望通と秦滋景を快く迎えた。この四年前に後唐から「百済王」に冊封されていた甄萱は彼らと面会して座に着くようながし、頬を緩めて次のように語った。

「私は以前から日本国を上に頂く意志があり、その気持ちを抑えられなくなって朝貢したことがあった。しかしその時は陪臣の貢調であるとして返却された。かつて王たらんとしたのは、王として日本に朝貢しようとする本意があったからである。すでに王となる本意を遂げ、船を準備して特に朝貢しようとしている時にお前たちが幸いにもやって来た。」

そこで甄萱は長岑望通を全州に拘留し、秦滋景を張彦澄とともに帰国させて自らの意志を日本に伝えさせた。張彦澄は対馬島牒に対する全州の返牒に添えて、漂流民送還に感謝する対馬守《つしまのかみ》坂上経国《さかのうえのつねくに》に宛てた書状と贈り物、および大宰府の府司《ふし》に宛てた書状と贈り物を携えて来日し、「我が国は古《いにしえ》のごとく調貢を進めたく、大宰府の指示を仰ぐために参りました」と述べて大宰府に向かうことを要求した。対馬島司はいったん彼らを拘留して大宰府に報告したが、張彦澄は「本国の王には深く入覲《にゅうきん》（天子に拝謁すること）する気持ちがあり、再び使者を派遣してその意志を伝える労をとったのです。むなしく中途で帰国すれば私の命がございません」と地に伏して大宰府に向かうことを懇願した。彼の持参した書状には、朝貢して日本に仕えることを願い、復礼使《ふくれいし》として李栄《りえい》という人物を送ろうとしていることが述べられていた。

ここでも甄萱は貢納物を「調」と呼び、「古のごとく」朝貢したいと述べるなど、かつての日本の外交方針に合わせた形式での通交を希望している。前回と異なるのは、篠崎敦史氏が指摘するように、日本が却下の理由とした「新羅西面都統」という新羅の一軍事指揮官の立場による通交ではなく、自立した「王」としての立場による朝貢を希望したことであり、それによって前回の不備を克服しようとしたものであった（「延長七年の後百済使をめぐって」『札幌国際大学紀要』四八号、二〇一七年）。

日本の史料には甄萱が「百済王」を名乗ったことはみえず、「全州の王」として「大王」を称したとしかないから、この交渉時に彼が後唐から認められた「百済王」以下の封《ほう》爵《しゃく》を使用したかどうかはっきりしない。ただし、それは張彦澄が復礼使の派遣を予告する事前交渉の使者だったからであり、復礼使が実際に派遣されていれば、甄萱は中国王朝に冊封された百済王として日本に表を献じた可能性が高い。

しかし、日本の朝廷は甄萱に冷たかった。日本はあくまで甄萱を新羅の陪臣として扱って「王」としての地位を認めず、通交を再び拒否したのである。

甄萱の使者に対しては、大宰府と対馬の返牒および大宰大弐《だざいのだいに》藤原扶幹《ふじわらのすけもと》と対馬守坂上経国の返書が渡された。それらはすべて中央で文章博士《もんじょうはかせ》が文案を作成したものであり、朝廷の見解であった。大宰府牒は「人臣に私《わたくし》なし」として臣下の立場で重ねて通交を求めたことを誡めており、対馬島牒は漂流民の送還は隣好（隣国の好《よしみ》）を求めてのことではなく、ただ漂着者の人生を重んじたためであると手厳しい。大宰大弐と対馬守の返書でも「人臣の義、すでに外交なし」「私交を絶つ」として、贈り物を受け取らなかった。その結果、交渉は不調に終わり、予告されていた復礼使が来日することはなかった。

『礼記《らいき》』郊特牲《こうとくせい》に「人臣たる者、外交なし」の一節がある。ここで言う「外交」とは今日的な国家どうしの交渉の意味ではなく、君主やその命を受けた使者が他の天子・諸侯と交わることを言うのであり、この一文は君主の命を受けていない臣下が勝手に他の諸侯と交わるべきではないとする儒教的な〈礼〉の規範を述べたものである。それは臣下が君主を敬って仕える忠君の道であった。日本はこの古典的な規範に則って、新羅王の命によらない甄萱の朝貢を退けたのである。

しかし、〈礼〉の規範に合致しているか否かという形式的な側面だけで日本の貴族が対応を判断したとみるなら、それは表面的な理解であろう。甄萱の二度目の朝貢要求は曲がりなりにも自立した「王」の立場からなされたものであった。後唐は認めたその地位を臣下としか認めない日本の姿勢には、それ相応の政治的な判断があったとみなければならない。そのことは、半島統一後の高麗との交渉をみることで、さらに明確になる。

高麗初期の遣使

九三六年に朝鮮半島を統一して半島南部を手中に収めた高麗は、その翌年から日本に使者を派遣してきた。初期の高麗との交渉については断片的な記録しか残っておらず詳しいことは分からないが、『日本紀略《にほんきりやく》』承平《しょうへい》七年（九三七）八月五日条に、左右大臣以下の公卿《くぎょう》が高麗の牒について審議したことがみえる。これが最初の交渉であり、日本は承平年中（翌年五月改元）のうちに返牒したことが後の記録から分かる。

次いで、二年後の天慶《てんぎょう》二年（九三九）にも高麗から二度目のアプローチがあった。当時、摂政太政大臣《せっしょうだいじょうだいじん》の地位にあった藤原忠平《ふじわらのただひら》の日記『貞信公記抄《ていしんこうきしょう》』天慶二年二月十五日条に、高麗牒を文章博士の大江朝綱《おおえのあさつな》に付与したとある。これは返牒を作成させるためであろう。同年三月十一日付けで大宰府から高麗の広評省《こうひょうしょう》に宛てた牒が出され、使人を帰国させたことが『日本紀略』にみえる。広評省は百官を総領する官庁であり、高麗の牒の差し出しが広評省であったために、そこに宛てて返牒したのである。また、高麗はその翌年にも牒を送ってきたことが『貞信公記抄』天慶三年六月二十一日条に記録されている。

これらの高麗牒の宛先は史料に記されていないが、後述する長徳《ちょうとく》三年（九九七）の高麗牒が日本国宛てだったことに対して「国の音信はまず大宰府に通達すべきである」と言っていることからすれば、その先例となるこれらの事例は大宰府宛てだった可能性が高い。この高麗牒については、ずっと後の高麗との交渉に際して先例を参照した記録のなかに内容をうかがわせる記述がある。十一世紀後半の公卿源経信《みなもとのつねのぶ》が所持していた記録によれば、天慶年中の高麗国使の一員の神秋連《しんしゅうれん》は奉使の目的を述べる陳状《ちんじょう》を提出して「（高麗）国王はたちまち朝貢を停められたことを愁《うれ》いています」と訴えて再交渉を求めたという。その時の高麗牒は広評省の牒だったらしいから、これは天慶二年の交渉に関する記事と思われる。すなわち、高麗は承平七年の最初の牒で日本に「朝貢」の意志を示して拒否されたために、天慶二年に広評省牒を送って再交渉を求めたのである。

高麗には建国当初から自らを中華とみなす自尊意識があった。そのため日本より下位の立場で「朝貢」するとは考えられないとして、この「朝貢」という表現を日本側の主観的な記述にすぎないとみる意見もある。しかし、天慶年中の高麗国使の陳状や日本が返牒した内容を実見した平安時代の貴族がそこに高麗国王の「朝貢」の意志を読み取っていることは重要であり、それを否定するべきではない。高麗が国内において国王を皇帝になぞらえ、自己を中心とする世界観を有していたからといって、国外に対してもそれを誇示したとはかぎらない。むしろ時々の情勢によって柔軟に対外姿勢を変えることは、例えば渤海が軍事同盟の期間にかぎって日本に臣下の礼をとったように、十分にありえることである。

すでに半島を統一した高麗が日本にへりくだる理由はないと思うかもしれない。しかし高麗は建国当初から契丹との対立を抱えていた。九二六年に契丹が渤海を滅ぼすと、その後、九三八年頃まで高麗には渤海人の亡命者が相次いだ。特に九三四年には渤海の世子《せいし》が数万の民衆を率いて亡命している。九四二年に契丹は高麗に遣使してラクダ五〇頭を贈ったが、高麗は渤海を滅ぼした無道を非難して契丹との交流を拒否し、契丹の使人三〇人を島流しにして、贈られたラクダも餓死させた。そして、九四七年には三〇万の兵を選抜した「光軍《こうぐん》」を組織して契丹の侵攻に備えたのであった。

また、高麗が最初に日本に牒を送った九三七年の前年に、中国では契丹の援助を受けた武将の石敬瑭《せきけいとう》が後唐を滅ぼして後晋《こうしん》を建て、支援の見返りとして中国北部の燕雲《えんうん》十六州を契丹に割譲《かつじょう》している。契丹と中国王朝との結びつきという新たな情勢も高麗にとっては脅威であっただろう。翌年、高麗は日本に牒を送っただけでなく後晋にも皇帝即位を祝う使者を派遣している。契丹と結んだ後晋と友好な関係を築きながら、その一方で契丹に備えて日本にも「朝貢」する姿勢をみせ、硬軟両様の方策で対処しようとする姿勢がうかがえる。

しかし、日本はその要求を拒絶した。高麗は新羅に代わる朝鮮半島の後継王朝であり、藩王の陪臣ではないにもかかわらずである。その理由を語る史料がないため確かなことは分からないが、国王の「啓」ではなかったことが問題だったのだろうか。しかし、上述のように高麗牒が大宰府宛てだったとすると、それは甄萱の二度目の牒と同様に朝貢に先立つ官庁間の事前交渉であったと考えられる。また、その交渉の過程で日本が高麗に王啓の提出を要求した様子はなく、初回の返事の時点ですでに高麗に「朝貢を停め」るよう伝えていた。日本には初めから高麗の朝貢を受け入れる意志はなかったのである。

すでにみたように、九世紀に日本は君臣関係にこだわらない緩やかな上下関係を許容していたから、「朝貢」の意志を示した高麗がその礼式に則って遣使してくるのであれば問題はないように思える。しかしそうはならなかった。これは、当時の日本の貴族の外交判断が、外交の形式だけによって決定されているわけではないことを示唆している。

政治外交からの離脱—積極的孤立主義

ここで、前章でみた平安時代の外交の基礎的条件を思い出してみよう。第一に、日本は神功皇后の出征によって三韓（新羅・百済・高句麗）が日本に服属を誓ったとする伝説を歴史的事実とみなして朝鮮半島の王朝との関係を理解していた。後百済や高麗の遣使・朝貢はこの歴史観を満足させる可能性を有したものであった。それぞれ、後百済は「表」を奉じ、あるいは「王」として「調」を献じようとしたのであり、高麗も「朝貢」することを望んできたのである。しかし、日本にはその関係を受け入れることを阻害する要因があった。それがもう一つの条件である対外的軍備の欠如である。

十世紀の初め、後百済・高麗はそれぞれに軍事的な課題を背負って日本と関係を結ぼうとした。日本は寛平の新羅海賊事件によって新羅国内の疲弊を知り、後百済の甄萱との交渉によって新羅が内乱の状態にあること、および甄萱が軍事力によって数十州を併呑《へいどん》して「大王」を称していることを知った。しかも甄萱はただ辞を低くして恭《うやうや》しく通交を求めたのではない。漂流民を送還した長岑望通を拘留して交渉に当たるなど、恫喝めいた手段も講じており、決して平和的な親善友好の使者ではなかった。

その後さらに高麗からの遣使によって高麗が半島を統一したことを知った。それは、かつて日本が自らの朝貢国としていた新羅を高麗が滅ぼしたことを意味する。そしてまた、その北方では契丹が勃興して渤海を滅したことも日本はすでに知っていた。

延喜八年（九〇八）と延喜十九年に使節団を率いて来日した渤海大使裴璆《はいきゅう》は延長七年（九二九）には東丹国使に立場を変えて来日した。この時、裴璆は契丹王の罪悪を日本に訴えたという。篠崎敦史氏によれば、この遣使は契丹の第二代皇帝太宗（耶律堯骨）が兄の東丹国王倍を遼陽に遷して監視していた時期に当たり、裴璆は契丹の太宗を非難して、窮地に立つ東丹国王への援助を求めたと考えられる（「東丹国使について」『続日本紀研究』三八四号、二〇一〇年）。これに対しても日本は、東丹国王を契丹に冊立された陪臣とみなして外交儀礼を行わず、訴えに取り合わなかった。この裴璆の訴えによって日本は渤海が契丹に滅ぼされて東丹国となったことを知り、さらには契丹皇帝と東丹国王との確執をも知ることとなったのである。

『将門記《しょうもんき》』によれば、天慶二年（九三九）に挙兵して新皇《しんのう》を称した平将門《たいらのまさかど》は「今の世は打ち勝った者が君主となる時代である。たとえ日本に例がなくとも、他国にはその例がある。大契丹王は渤海国を滅ぼして東丹国と改めて領有したというではないか。どうして実力によって板東《ばんどう》八ヵ国を占領してはいけないということがあろうか」と述べたとされる。またずっと後の貴族層が「契丹はもと胡国《ここく》（北方の野蛮国）であり、武勇の聞こえがある」と認識していたように、当時の人々は契丹が渤海を滅ぼしたことをながく記憶にとどめ、その強大な軍事力を畏怖していた。

このように、各国との交渉を通じて日本は国際的な動乱が生じていることを知ったのである。それぞれの国は日本に支援を期待していたのであり、それらと関係を結ぶことは動乱の渦中に日本も身を投じることにほかならなかった。

当時の日本に、かつて百済が滅亡した時、倭に質として滞在していた百済王子余豊璋《よほうしょう》に織冠《しょっかん》（冠位《かんい》）を授けて倭臣としたうえで百済王に立て、倭の属国として百済を復興させるために白村江《はくそんこう はくすきのえ》で唐・新羅と戦ったような、あるいは奈良時代に軍事力で威圧して新羅とのあいだに君臣関係を設定しようとしたような、はたまた渤海に旧高句麗領の領有権を認める代わりに臣下の礼をとらせたような、朝鮮半島の国家に対する外交的野心があれば、半島の動乱に乗じて朝貢を受け入れ、日本に有利な外交秩序を構築しようとすることもありえたかもしれない。しかし、すでに対外的軍備を解体していた当時の日本に、それを実現する能力はなかった。各国の通交要求が切実な軍事的課題を背負ったものである以上、どのような名分による通交であったとしても、日本がそれを受け入れる余地はなかったと言わざるをえない。

結局、日本は新羅・後百済・高麗・東丹国すべての国との関係を拒絶して、国際的な政治外交の場から離脱する道を選択した。それを可能としたのは、日本が大陸・朝鮮半島から海で隔てられた島国であり、大陸と反対の方角には大海原が広がるだけで他の政治勢力が存在せず、政治的な抗争に巻き込まれにくいという地政学的な条件が軍事的な影響を緩和していたためである。対外的軍備なしで国としての自立を保つことができた理由もここにある。自ら進んで政治外交の場に参入しようとしないかぎり、日本に大規模な軍備は必要なかった。

高麗の朝貢を拒否したあとの天慶五年五月、内裏《だいり》の殿上《てんじょう》において「遠客来朝《おんきゃく》の礼」が催されている。これは渤海からの使者の来朝に見立てて宮廷貴族が渤海使の役を務めて詩《し》賦《ふ》に興じた宴《うたげ》で、大使の役は兼明親王《かねあきらしんのう》が務め、首領《しゅりょう》（渤海使に率いられて来朝した渤海支配下の部族の者）には成明親王《なりあきらしんのう》（のちの村上天皇《むらかみてんのう》）が配された。この年は最後の渤海使（実際には東丹国使）が来朝してから一二年後に当たり、すでに滅亡していた渤海からの一二年に一度の遣使を擬似的に再現した「戯《たわむ》れ」であった。当時の日本の朝廷にとって、周辺諸国との外交はそのような実態のない擬似的、観念的な余興で事足りたのであり、現実の政治的な関係性を必須のものとはしていなかったのである。

ここに、平安時代の外交の基礎的条件として、政治外交からの離脱が加わる。このような十世紀の外交政策を石上英一《いしがみえいいち》氏は「積極的孤立主義」と評した（「日本古代一〇世紀の外交」『東アジア世界における日本古代史講座　第七巻　東アジアの変貌と日本律令国家』学生社、一九八二年)。ただし、それが対外的軍備の解体を前提とする以上、再び元に戻すのは困難である。政治外交からの離脱は一時的なことではなく不可逆的なものであった。十世紀以降の日本の外交は、この条件を踏まえて理解しなければならない。

「敵国」意識の高揚

日本と高麗のその後

日本が高麗の「朝貢」を拒否したあとの両国の関係をみておこう。天禄三年（九七二）、高麗の南原府《なんげんふ》（韓国・全羅北道南原市《ナムオンシ》）と金海府《きんかいふ》の使者が相次いで対馬に到来した。南原府と金海府の使者が送ってきた牒には、それぞれ異なる年号が使用されていた。それは中国の五代《ごだい》の王朝を受け継いだ宋《そう》の年号「乾徳《けんとく》」（九六三～九六八年）と「開宝《かいほう》」（九六八～九七六年）だったらしい。

当時の高麗国王の光宗《こうそう》は九五〇年から九五一年にかけて独自の年号「光徳《こうとく》」を使用するなど自立志向が強く、九六三年に宋から冊封を受けて「乾徳」の使用を開始したものの、九六五年の遣使を最後にしばらく宋に使者を派遣せず、九七一年には自ら「皇帝」を称したりしている。その間に宋は「乾徳」から「開宝」に改元していたが、高麗は「乾徳」を使用したままであった。その後、高麗は九七二年八月に久しぶりに宋に遣使して改元の事実を知り、ようやく年号を「開宝」に改めた。日本への遣使は宋との通交再開と同年の九月と十月であり、改元情報の伝達の遅速により使用が分かれたようである。

この遣使の目的は必ずしも明らかではなく、地方官ないし地方豪族による遣使ともされるが、同年の宋との通交再開と軌を一にするものかもしれない。当時の宋は、宋から圧迫を受ける北漢《ほっかん》（首都は太原《たいげん》〈山西省《さんせいしょう》〉）を救援した契丹（遼）と九六三年から九七四年にかけて交戦状態にあった。そのことが高麗の宋との通交の中断と再開に関係しているのではないだろうか。だとすれば、この時の遣使の目的も地方の意図だけでなく、北方の契丹に対する懸念から宋および日本と友好な関係を保とうとしたことが考えられる。ただし、この時の高麗使は日本に政治的な関係を要求するものではなかったらしい。日本の朝廷は大宰府に対応を指示するとともに、天皇に日常的に奉仕して御物《ぎょぶつ》の管理なども行う蔵人所《くろうどどころ》から大宰府に使者を派遣して高麗使と交易を行っている。このように、政治性を前面に出さない場合には、日本も一方的に拒絶したわけではなかった。

高麗の対日姿勢の変化

しかし、それから二五年を経た長徳三年（九九七）に届いた高麗の牒状はそれまでのものとは様子の異なるものであった。この時の牒状は高麗に漂着した日本人に託してもたらされたもので、日本国宛て一通、対馬島司宛て一通、対馬島宛て一通の三通であったが、そのなかには日本国を辱める文言があったという。

これより先、交易か何かの目的で高麗に渡った日本人がその地で矢を射るなどの紛争を起こした事件があり、今回の高麗の牒状はそれを強く非難して禁圧を求めるものだったらしいことが、石井正敏氏によって指摘されている（「日本・高麗関係に関する一考察」『アジア史における法と国家』中央大学出版部、二〇〇〇年、『石井正敏著作集』第三巻所収）。その犯人は九州に逃げ帰っていたのであろう。高麗の抗議を受けて日本は九州を統括する大宰府と、瀬戸内への逃走ルートの入り口となる関門海峡《かんもんかいきょう》を塞ぐ長門国《ながとのくに》に犯人の追討を命じている。

それにしても「日本国を辱める文言」とは穏やかではない。その高圧的な態度に不信感を抱いた貴族たちは、日本から帰国した宋の商人が日本国内の衰亡した様子を高麗に伝えたのではないかと宋の謀略まで疑い、九州の要害警固《けご》と神々への祈禱を命じたのであった。「日本国を辱める文言」の一部は、平安末・鎌倉初期の公卿藤原兼実《ふじわらのかねざね》の日記『玉葉《ぎょくよう》』承安《じょうあん》二年（一一七二）九月二十二日条からうかがい知ることができる。それは異国からの贈り物の先例について大外記《だいげき》清原頼業《きよはらのよりなり》が兼実に語った記事であり、頼業は後述する朱《す》雀天皇《ざくてんのう》の時（在位九三〇〜九四六年）の呉越の事例に続けて、「その後、一条天皇《いちじょうてんのう》の時にも異国の供物《くもつ》がありました。その牒状には天皇の御名《ぎょめい》が書かれていたので返却しました。ただし、御名が『仁懐』と書かれていたのは書き間違いでしょうか」と述べている。

この記事は従来、後一条《ごいちじょう》天皇（在位一〇一六～一〇三六年）の時代の事例とみられてきたが、写本の校訂からそれは誤りと分かる。一条天皇の名「懐仁《やすひと》」を上下逆さまに記した一条朝の事例とみるのが正しい。一条天皇が在位した九八六年から一〇一一年までの期間に届いた異国牒状は長徳三年の高麗牒状だけであり、この事例が該当するだろう。

外交文書に相手の君主の実名を書くことには意味がある。実名は「諱《いみな》」と呼ばれる。「いみな」とは呼ぶことが憚《はばか》られる「忌み名」であり、人と人が呼び合う時は相手に敬意を払って実名ではなく通称（字《あざな》）や地位・官職で呼ぶのが〈礼〉の規範の習わしであった。実名は主君や父が臣下や子に呼びかけ、臣下や子が主君や父に対して名乗る、絶対的な上位者に対して用いる名である。したがって、高麗が日本の天皇の実名を記したことは、高麗が日本をまるで臣下であるかのように扱う尊大な態度を示す行為であった。

この文書は「高麗国啓牒」と呼ばれているため、相手に敬意を表す「啓」様式の文書であった可能性がある。また、頼業が言うように贈り物も添えられていたのであれば、表面上は丁重なものだったのかもしれない。しかしその内実は、天皇を名指しして日本を非難する尊大で高圧的なものだったのであり、それだけに貴族たちを畏怖させた。それは、かつての「朝貢」を希望してきた高麗の牒とは似ても似つかないものであり、古来より朝鮮半島の王朝より自分たちの方が上位とみなしてきた日本の貴族にとっては、礼儀に背く極めて無礼な態度と映じた。そのため公卿の審議では返牒を送る必要はないという意見が大勢を占め、高麗に対しては大宰府から使者を介してその無礼な態度を逐一咎《とが》めるよう太《だい》政《じょう》官《かん》符《ぷ》（太政官が発する下達文書《かたつもんじょ》）で指示するのみであった。

それにしても高麗は、ただ日本人の起こした事件を非難するためだけであれば、これほど尊大な態度を取ることもなかったであろう。その対日姿勢の変化の背景には、高麗の立ち位置の変化があると思われる。当時、契丹の第一次侵攻にさらされた高麗は宋と断交して、前年の九九六年に成宗《せいそう》が契丹の冊封を受け入れていた。契丹に服属して軍事的緊張を解消した高麗は、もはや日本に媚びへつらう必要がなくなったのである。そのことが、翌年の高麗牒状の態度に表れていると言えよう。その後、再び契丹と軍事的に対立した高麗が刀伊の入寇で拉致された日本人を送還した時にみせた親善・友好の態度が、いかに時々の状況に応じた一時的なアピールにすぎないものであったか、ここからも察することができるだろう。

しかし、「積極的孤立主義」に基づいて政治外交から離脱してから数十年を経過していた当時の日本は、国際情勢に関する情報をほとんど持ち合わせていなかった。そのため高麗の態度ががらりと変わった理由が分からず、高麗侵攻の恐怖に苛《さいな》まれることになるのである。

南蛮賊徒の襲撃

高麗牒状が朝廷で審議されてから四ヵ月後の長徳三年（九九七）十月一日、陰暦で冬の始まりを告げるこの日は孟冬《もうとう》の旬《しゅん》といって、天皇が内裏《だいり》の紫宸殿《ししんでん》に出御《しゅつぎょ》して政務を聴き、臣下に酒宴を賜う行事が行われていた。そこに大宰府から飛駅使《ひえきし》（早馬《はやうま》の使者）が到着した。飛駅使の報告を取り次いだ近衛《このえ》の官人が大声で「高麗国人が対馬・壱岐を襲い、さらに肥前国《ひぜんのくに》（佐賀県・長崎県）を占領しようとしています！」と叫んだことで皆が驚愕し、儀式は中断した。取り乱した藤原道長《ふじわらのみちなが》以下三人の大臣は慌てて紫宸殿を降りて階下で大宰大弐藤原有国《ふじわらのありくに》の書状を手に取って読み、他の公卿も大臣のもとに駆け寄る狼狽ぶりであった。実際には、襲撃したのは高麗ではなく南蛮賊徒《なんばんぞくと》（奄美島人《あまみしまじん》）であり、慌てふためく公卿の様子を日記に記した中納言藤原実資《ちゅうなごんふじわらのさねすけ》は「私は座を起たなかった」と落ち着いたふうを装っているが、本当に高麗であったなら平静を保てていただろうか。

この時、奄美島人は武装して九州沿岸の各地を襲い、海夫《かいふ》の住宅を焼き打ちして財物を奪うとともに、人々を船に乗せて連れ去ったという。奄美群島は螺鈿細工《らでんざいく》に用いる夜光貝《やこうがい》の産地であり、この頃には奄美大島《あまみおおしま》の東に浮かぶ貴駕島《きかいがしま》（鹿児島県喜界島《きかいじま》）に大宰府が出

図17　夜　光　貝

先機関を設けて交易を行っていた。その交易にともなう何らかのトラブルが事件の発端であったかもしれない。これ以前にも大隅国《おおすみのくに》（鹿児島県東部）を襲撃する事件があったといい、翌年から翌々年にかけて大宰府は貴駕島に命じて南蛮賊徒を追討させている。

長徳三年に奄美島人の襲撃を受けた地域について、蔵人《くろうどの》頭《とう》として天皇に事件を報告した藤原行成《ふじわらのゆきなり》の日記『権記《ごんき》』では大弐の書状を引用する形で「肥前・肥後《ひご》・薩摩等国」（佐賀県・長崎県・熊本県・鹿児島県西部）と書いている。それに対して陣定《じんのさだめ》でこの事件の対処を審議した藤原実資の日記『小右記《しょうゆうき》』では肥前・肥後は挙げずに「筑前《ちくぜん》・筑後《ちくご》（福岡県）・薩摩《さつま》・壱岐・対馬」とする公卿の発言を記している。この不一致は朝廷の混乱ぶりをよく表しているが、地理的にみて飛び地とならない『権記』の方が大弐の書状の引用でもあるため正確な情報とみるべきである。従来の研究では両者を折衷して九州の南部から北部、壱岐・対馬に至るまで広範囲に被害を受けたとみるのが一般的だが、記述の相違からすると、そのように考えるべきではないだろう。

公卿が審議の過程で筑前・筑後や壱岐・対馬を被害地域と誤認した裏には、四ヵ月前の高麗牒状の事件の影響があった。その事件で高麗侵攻の可能性を危惧した朝廷は大宰府に九州の要害各所の警固と神々への祈禱を命じていた。その警戒のさなかに襲撃事件が起きたことで、九州の現地では憶測が憶測を呼び、高麗が兵船五〇〇艘を整えて日本に向かうという流言飛語が飛び交った。大宰府がこの流言を南蛮賊徒の襲来とあわせて報告したために情報が錯綜し、近衛官人が叫んだように高麗の侵攻が想定される地域も襲撃されたと誤認してしまったのである。しかし、それはあくまで根も葉もない噂《うわさ》であり、高麗侵攻に怯える人々の猜疑心が生み出した幻影にすぎなかった。鎌倉時代末期の編纂史料『百練抄《ひやくれんしよう》』も襲来者を「高麗国人」と記すが、それは記事の素材となった『小右記』の近衛官人の叫び声を事実と混同して記載した誤りである。南蛮賊徒襲来の背後に高麗の交易者とのつながりを想定する研究もあるが、行きすぎた推測であろう。

高麗侵攻の幻影

大江匡房《おおえのまさふさ》の「筥崎宮記《はこざきぐうき》」には「長元の間、（高麗が）兵を起こして侵略しようとしたが、たちまち地震が起きて造った船はすべて破壊された。（八幡大菩薩の）明らかな霊験《れいげん》である」とある。この「長元」は「長徳」の誤りと思われる。高麗襲来の幻影は八幡神の威光を高め、その加護によって侵略が未然に防がれたという言説を生み出していくのである。

このように、長徳三年（九九七）の高麗牒状を契機として「敵国の危」に対する警戒の高揚がみられ、長保三年《ちょうほう》（一〇〇一）には摂関家の家司《けいし》を務めて栄達した中納言《ちゅうなごん》平惟仲《たいらのこれなか》が親王の任じられる慣例を破って正官の帥《そち》に任じられて大宰府に下向し、軍事的緊張に対処すべく管内統制の強化に乗り出していくことが小川弘和氏によって指摘されている（「大宰府の再生」『中世的九州の形成』高志書院、二〇一六年）。

対外的軍備を持たない平安時代の日本にとって、対日姿勢を転換した高麗は大きな脅威であった。そのことが、二二年後に起きた刀伊の入寇における高麗の「敵国」視にもつながり、初期の高麗との交渉では意識下に沈潜していた三韓征伐史観が頭をもたげて表出してくるのである。

五代十国から宋の中国統一と日本

呉越との交流

呉越国王の海上国家秩序

次に、十世紀以降の中国との関係をみていこう。九〇七年に唐《とう》が滅亡すると、中国は五代十国《ごだいじっこく》の分裂の時代に入り、黄河《こうが》中下流域の中原《ちゅうげん》では後梁《こうりょう》、後唐《こうとう》、後晋《こうしん》、後漢《こうかん》、後周《こうしゅう》の五つの王朝（五代）が交替し、その他の地域には一〇余国の地方政権（十国）が割拠した。このうち、日本と関係をもったのは杭州《こうしゅう》（浙江省《せっこうしょう》）を都とした十国の雄、呉越《ごえつ》であった。

山崎覚士《やまざきさとし》氏によれば、歴代の呉越国王は五代王朝から冊封を受ける一方で、特に初代の銭鏐《せんりゅう》（太祖《たいそ》）は後百済《ごくだら》や渤海《ぼっかい》に封爵《ほうしゃく》を行い、また南の福州《ふくしゅう》（福建省《ふっけんしょう》）を都とする閩《びん》とも、その国王の娘を銭鏐の息子の妻に迎えて姻戚となり、広州《こうしゅう》（広東省《かんとんしょう》）を都とする南《なん》漢《かん》とも銭鏐を兄とする擬兄弟関係にあった。これは中国沿岸から朝鮮半島に至る海上で結ばれた国々を自国の国家秩序のもとに位置づけるものであり、九二七年には対立する後《ご》百済《くだら》と高麗《こうらい》に和平を勧告するなど、その秩序の下で疑似皇帝政治を志向していた。呉越はこの海上国家秩序に日本も組み込むことを意図していたとされる（「未完の海上国家」『中

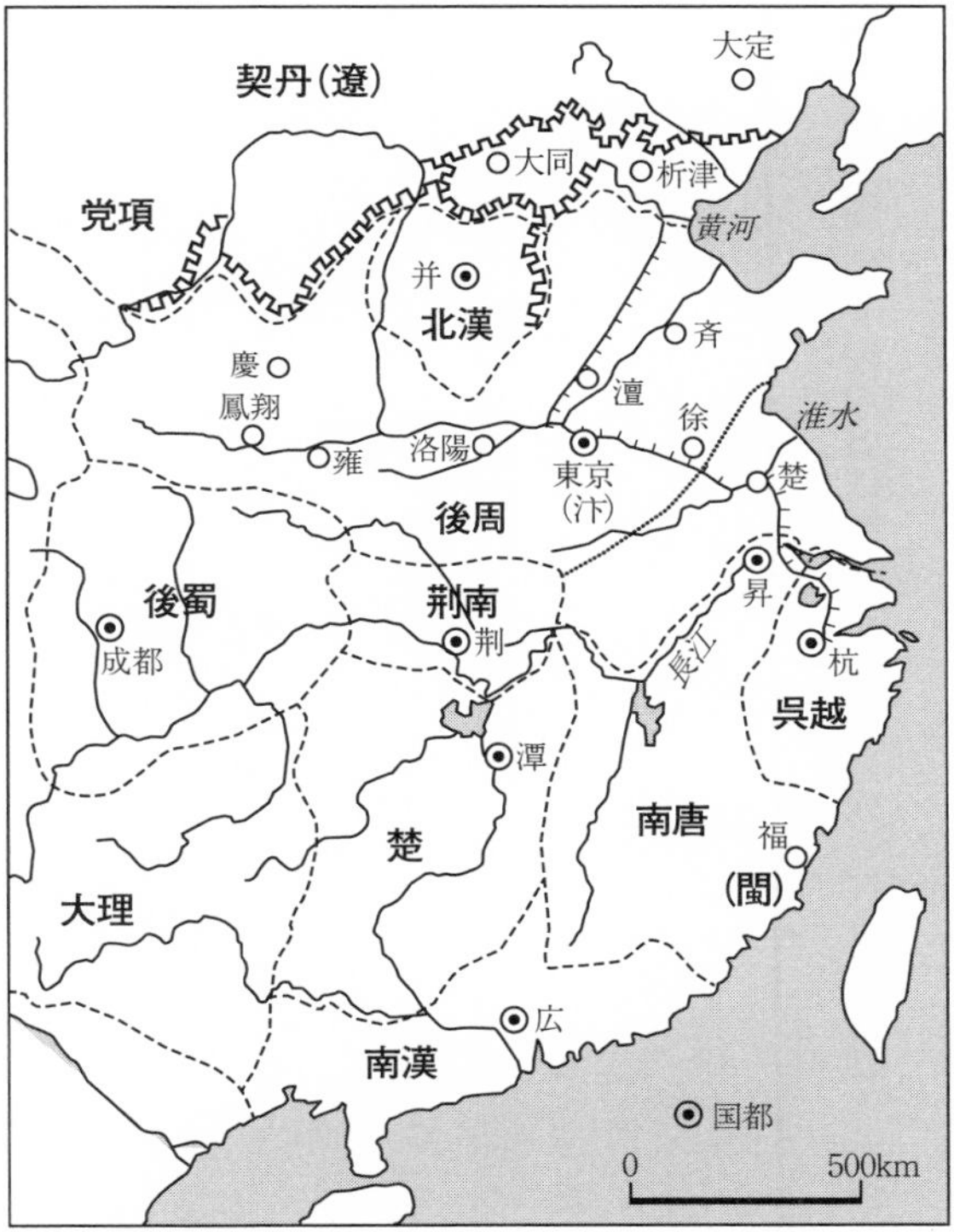

図18　後周時代の五代十国（小島毅『中国の歴史07 中国思想と宗教の奔流 宋朝』講談社，2005年より，一部改変）
閩は後晋時代の945年に南唐に滅ぼされた．

国五代国家論』思文閣出版、二〇一〇年)。

呉越王銭元瓘との贈答

その呉越が日本にアプローチしてきたのは、第二代銭元瓘《せんげんかん》(世宗《せいそう》)の時からであり、蔣承勲《しょうしょうくん》という貿易商人に託して書状と贈り物を送ってきた。呉越王の書状と贈り物は天皇と左右大臣にそれぞれ送られたという。『日本紀略《にほんきりやく》』によれば、承平六年(九三六)七月十三日に大宰府《だざいふ》から蔣承勲らの来日の報せが届き、八月二日に左大臣藤原忠平《ふじわらのただひら》が「大唐呉越王」に書状を贈ったとあるが、報告から対応までの期間が少々短い。前年九月にも蔣承勲が来日して羊数頭を献上した記事がある。一般的にこの時代の貿易は手続きに時間を要するために来航した年のうちにすべてを終えて帰国するわけではないから、連年の来航は非現実的である。おそらく蔣承勲は、承平五年に来日して自身の献上品とともに呉越王の書状と贈り物を献じたのであり、翌年七月にその呉越王の書状への対応が審議されて八月に返書が作成されたのであろう。また、右大臣藤原仲平《ふじわらのなかひら》の返書は天慶《てんぎょう》三年(九四〇)七月に贈ったと『日本紀略』にある。その間の天慶元年に蔣承勲に対する代価未払いが朝廷で問題になっていることからすると、蔣承勲は承平五年から天慶三年まで足かけ六年にわたって日本に滞在して貿易を行って帰国したようである。この時代の中国商人が数年の長期にわたって外国に居住して貿易を行うのは決して珍しいことではない。

この時、左大臣と右大臣は呉越王の贈り物を受け取って返書したのだが、実は朱雀天皇《すざくてんのう》への贈り物は返却して大宰府から返牒している。いわば、国家としての通交は拒否しつつ、大臣による私交という変則的な対応をとったのである。その意図は、再度の贈り物に返書した天暦《てんりやく》元年（九四七）の事例から考えることができる。

呉越国王銭弘佐との贈答

天暦元年（九四七）の二年前の天慶《てんぎよう》八年（九四五）に「大唐呉越」の貿易商人蔣袞《しようこん》が乗組員一〇〇人の大船で来日して大宰府の外港博多津《はかたつ》に設けられた宿泊施設の鴻臚館《こうろかん》に入った。この時代の日本は貿易に延喜十一年（九一一）制定の「年紀《ねんき》」と呼ばれる来航制限を設けており、同じ商人は前回の来日時に滞在が許可（「安置」という）された日から数えて一〇年余りの間隔を空けずに再来日すると強制的に帰国させられる（「廻却《かいきやく》」という）ことになっていた。蔣承勲が六年の長期にわたって日本で活動したのも、その期間を消化しつつ利益を最大化するためである。蔣袞も以前に来日して貿易を行ったことがあり、朝廷では、この度の来日が年紀の期限を過ぎていることを確認して安置を認め、朝廷から蔵人《くろうど》の「唐物交易使《からものこうえきし》」を大宰府に派遣して交易させた。その交易は年を跨いで行われ、翌年に唐物《からもの》が朝廷にもたらされている。その後に朝廷から代価が支払われることで、政府との取引は完結する。

この時、蔣袞は貿易とあわせて第三代呉越国王銭弘佐《せんこうさ》（成宗《せいそう》）の書状と贈り物を日本に届けたらしい。それに対する左大臣藤原実頼《ふじわらのさねより》の返書が『本朝文粋《ほんちょうもんずい》』に収録されて今日に伝わっている。実頼はその書状のなかで次のように述べる。

「蔣袞が再び来日して一書を投じました。封を開いて捧読し、感激しております。いま蔣袞が貿易を終えて帰国の途に就くに当たり、大王のご健勝を想い、ここに書状を遣わします。また、お恵みいただいた贈り物については、受け取るには憚《はばか》りがあります。(人臣として)境外と交わりを結ぶことになるため掌中に留めるべきではございません。しかし遠方からのご厚意を拒むこともできず、忍んで受領いたします。特にお返しの品をお贈りしますので、到着しましたらご収納ください。砂金二〇〇両は甚《はなは》だ軽微ではございますが、日本の産物によって私のささやかな気持ちを表します。」

ここで実頼は人臣の身で境外と交わることを危ぶむ姿勢をみせている。これは、先に述べた『礼記《らいき》』の「人臣たる者、外交なし」という〈礼〉の規範に則ったものである。日本は呉越国王のことを「大唐呉越王」と記録しているように中華帝国の陪臣とみなしていた。天皇がその書状と贈り物を受け取らないのはそのためである。しかし、大臣は憚りつつもそれを受領し返礼している。夫馬進《ふますすむ》氏が指摘するように、臣下どうしが王命に基づかずに交際することも〈礼〉の規範に外れた慎むべき行為であったから、これは原則を逸脱した対応である(「まえがき」『中国東アジア外交交流史の研究』京都大学学術出版会、二〇〇七年）。ここでも日本は必ずしも原則だけで対応を決めたわけではなかった。またそれは、同時期の後百済や高麗および東丹国に対して一切を拒絶した態度とも異なっている。呉越に対しては、その国王と日本の大臣との書状の交換という捻れた関係にすることによって、日本が呉越国王の権威のもとに組み込まれることを慎重に避けているのである。

呉越国王銭弘俶の贈答と仏教交流

第五代呉越国王銭弘俶《せんこうしゅく》もまた、天皇と大臣に書状と贈り物を送ってきた。『本朝文粋』にはその書状に対する天暦七年（九五三）の右大臣藤原師輔《ふじわらのもろすけ》の返書も収録されているが、内容は先の藤原実頼の返書と同趣旨であり、やはり人臣の道として交際は境を出るべきではないとしながらも、贈られた絹織物や香木を受け取って返礼する旨《むね》を述べている。

ただ、この時に呉越国王が黄金五〇〇両とともに村上天皇《むらかみてんのう》に送ったとされる書状はたんに交際を求めるものではなかった。中国では唐末の会昌《かいしょう》の廃仏《はいぶつ》や相次ぐ戦乱によって多くの仏典が散佚《さんいつ》しており、仏教国を標榜する呉越は天台山《てんだいさん》の高僧義寂《ぎじゃく》・徳韶《とくしょう》の要請を受け、日本や高麗に使者を派遣して佚書《いっしょ》の書写提供を求めたのである。

呉越と高麗とのあいだでは盛んに仏教交流が行われており、この要求に応えて高麗からは諦観《ていかん》という僧が遣わされて経巻を送致し、天台教学の復興に寄与した。同様に日本に対しても呉越は徳韶の書信を添えて再び蔣承勲を遣わし、失われた天台の経典を求めた。これに応じて日本からは天暦七年に延暦寺《えんりやくじ》の僧日延《にちえん》が天台座主《てんだいざす》延昌《えんしょう》の使となって呉越に渡り、書写した経典を送り届けたのである。

また、暦博士《れきはかせ》賀茂保憲《かものやすのり》が九世紀に伝わって以来更新されていない新しい暦法の将来を朝廷に奏請《そうせい》して勅許《ちょっきょ》（天皇の許可）を得たことを受けて、保憲の依頼によって日延は呉越の司天台《してんだい》で新修の符天暦《ふてんれき》の暦法を学んだ。そして、天暦十一年に本朝未伝の書籍一〇〇〇余巻も携えて「大唐呉越国持礼使《じれいし》」盛徳言《せいとくげん》の船で帰朝した。日延の持ち帰った典籍は天皇の御覧《ごらん》に供されたうえで、符天暦は賀茂保憲に下され、内典《ないてん》（仏典）は延暦寺の学堂に、外《げ》典《てん》（儒書）は文章道《もんじょうどう》の大江家《おおえけ》の手元に置かれることとなった。

これに加えて日延は銭弘俶が造らせた高さ二〇センチほどの銅製の小塔（いわゆる銭弘俶八万四千塔）を日本に持ち帰っている。この塔は「宝篋印経記《ほうきょういんきょうき》」によれば、長く大将軍として天下の兵を領して凶党征伐に身を投じてきた銭弘俶が殺戮の罪悪に苛《さいな》まれ、その苦しみからの解放を願って造らせたもので、インドのアショーカ王の故事にならう八万四千基の小塔を鋳造して、そのなかに造塔供養の功徳《くどく》を説く『宝篋印陀羅尼経《ほうきょういんだらにきょう》』を納めて部内に散布した。それが日本にも与えられたのであり、日本には五〇〇基が頒賜《はんし》されたとも伝えられる。その塔に納めた経の巻首には「天下都元帥《てんかとげんすい》呉越国王銭弘俶、摺本《すりほん》の宝篋印経八万四千巻の内、宝塔の中に安置して供養廻向《くようえこう》することすでに畢《おわ》んぬ。顕徳《けんとく》三年（九五六）丙辰《ひのえたつ》の歳《とし》に記すなり」とあった。山崎覚士氏によれば、ここに願主の地位として記された「天下（兵馬）都元帥」は中原天子から与えられた十国諸侯に対する征伐権を有する地位で、それを戴く呉越国王は十国の長として君臨したとされる（「呉越国王と「真王」概念」『中国五代国家論』前掲）。呉越国王銭弘俶はその「天下」に施す権威を仏教交流という形をとって海外にも広げていこうとしているのである。

図19　銭弘俶八万四千塔（誓願寺所蔵）

　しかし、天台経典の送致は呉越国王からの要請に日本の朝廷が応えて行われた事業ではあったものの、あくまで中国天台山の徳詔に対する日本の天台座主延昌からの使者の派遣であり、銭弘俶八万四千塔も直接、天皇に下賜されたわけではない。天皇への贈り物であれば前例にならって返却しただろう。この時の相互の王朝は仏教界の交流を後援する立場で交際している。その交際を求める呉越国王の書状は、親書ではあるが表や啓あるいは臣下に対する詔勅《しょうちょく》のような上下関係を意味するものではなかった。そしてまた、朝鮮半島諸国に対しては「敵国」とみなして警戒する感情が常に潜在的に存在した日本だったが、その歴史認識は中国には当てはまらない。そのことが、天皇は贈り物の受領を拒否して呉越国王の権威のもとに従えられることを回避しつつも、臣下による私交という変則的な形での交流を可能にした要因であったと言えるだろう。

宋初の中国と日本

宋の中国統一と奝然の入宋

九七八年、銭弘俶は領土を宋《そう》に献じて帰降し、呉越は宋に併合されて七二年の歴史に幕を閉じた。

宋の太祖《たいそ》趙匡胤《ちょうきょういん》は五代最後の王朝後周《こうしゅう》の世宗《せいそう》に殿前都点検《でんぜんとてんけん》（近衛軍長官）として仕えたが、世宗が没して幼い恭帝《きょうてい》が即位すると諸将に推されて帝位に就き、国号を「宋」とした。その後、宋は各地の地方政権を平定していき、第二代皇帝太宗《たいそう》の時に呉越を併合し、九七九年には北漢を滅ぼして中国を統一した。

宋の中国統一後、初めて中国に渡った日本人は東大寺《とうだいじ》の僧奝然《ちょうねん》であった。奝然は中国で修行した先人に憧れ、自身も天台山《てんだいさん》（浙江省《せっこうしょう》）や五台山《ごだいさん》（山西省《さんせいしょう》）などの聖跡を巡礼したいと夢見ていた。その年来の希望が叶って勅許を得た奝然は円融天皇《えんゆうてんのう》や関白藤原頼《ふじわらのより》忠《ただ》、天皇の外戚《がいせき》である藤原兼家《ふじわらのかねいえ》など藤原氏主流の有力者の後援を受け、永観《えいかん》元年（九八三）に貿易商人の帰国船で入宋《にっそう》を果たした。その船について、奝然とともに入宋した弟子の盛算《じょうさん》は宋の地で書写した『優塡王所造栴檀釈迦瑞像歴記《うてんおうしょぞうせんだんしゃかずいぞうれきき》』の奥書《おくがき》に「本朝永観元年八月一日、呉越商客陳仁爽《ちんじんそう》・徐仁満《じょじんまん》等の帰船に乗り渡海した」と書いている。入宋時の日記に基づく記述であろう。彼はその時、自身の乗る船を「呉越」の商人の船と認識していたのであり、五年前の呉越の滅亡は日本ではまだ知られていなかったらしい。彼らは中国に渡って初めて宋の中国統一を知ったのである。

宋の朝廷はこの珍客に大きな関心を寄せて都の開封《かいほう》（河南省《かなんしょう》）に上京させて皇帝太宗が召見《しょうけん》した。奝然は中国語を話すことができなかったが筆談で対応し、日本の風俗を問われて、日本に流布する漢籍や産物、貨幣、動物、音楽、気候、地理などを紹介するとともに、国王の地位は現今まで六四世にわたって王氏に伝襲され、文武官僚もみな世襲であると答えている。これを聞いた太宗は「これぞ古《いにしえ》の道である。朕《ちん》も怠ることなく在るべき政治を探し求め、尽きることのない国家の大業を建てて永きにわたる範を垂れ、子孫を繁栄させて大臣の後裔にその官位を継がせていきたいものだ」と歎息《たんそく》したという。『宋《そう》史《し》』日本国伝には奝然が献じた『王年代紀《おうねんだいき》』に基づいて歴代の天皇の名が列挙されており、その関心の高さがうかがえる。

また、奝然は『王年代紀』のほか、日本の官職を規定した律令《りつりょう》の編目である『職員令《しきいんりょう》』を献じ、日本に伝来する鄭氏注《ていしちゅう》『孝経《こうきょう》』一巻と越王《えつおう》『孝経新義《こうきょうしんぎ》』第一五の一巻もあわせて献上した。奝然は渡海に当たり、日本のことを問われることを予期して、日本を紹介する目的でこれらの典籍を持参していたのであろう。特に『王年代紀』や『職員令』を献じて皇帝に謁見した事実から、奝然は日本の朝廷が宋に派遣した外交使に準じる立場とみる説もある。しかし、先に述べたように日本は宋による中国の統一を知らなかったらしいから、そのように理解することはできない。

当時の日本は渡海制によって自由な海外渡航を禁じており、また海外渡航には多額の旅費も必要であったから、中国への渡航には天皇による許可（勅許）と朝廷の後援が必要であり、その裁可を得るためには聖跡巡礼という自己の目的の他に、新たな仏典の将来であったり、後援する天皇や有力貴族のための宗教的祈願であったりといった役割を担う必要があった。しかし、だからといって外交使節として渡航したわけではない。奝然が皇帝に謁見したのは日本ではなく宋の意図によるものである。

日宋貿易の解禁

建国当初の宋は商人が高麗や日本に渡航することを禁じていた。呉越を併合したばかりの宋にはそれを取り締まる仕組みがなく実効性は疑わしいが、この規制の目的は対立する契丹《きったん》への兵器の密売やスパイ行為、逃亡軍人の亡命などの経由地となることを防ぐことにあった。宋にとっては日本もその警戒の対象だったのであり、前代の五代王朝から直接の関係を持つことのなかった日本の情報は是非とも必要とするところであった。奝然のもたらした情報が『宋史』日本国伝に詳細に記録されているのはその表れである。

実は、奝然以前にも五代王朝から大師号と紫衣《しえ》（高僧が着用を許される紫色の法衣《ほうえ》）を賜って都で活動していた日本人僧として寛輔《かんほ》・澄覚《ちょうかく》・超会《ちょうえ》らの一行がいた。しかし彼らは延長五年（九二七）に中国に渡ってから五〇年余りの生活のなかで中国社会に深くとけ込んでいた。奝然が開封で一人存命だった八五歳の超会に出会った時、彼はすでに日本語も忘れ、日本との連絡も途絶えていた。そのため、宋の朝廷にとって彼らは日本との新たな関係を築く足がかりとなるような存在ではなく、奝然の来訪が大きな関心を呼んだのである。

太宗は奝然を大変厚遇して紫衣を賜い、従僧の嘉因《かいん》・定縁《じょうえん》・康城《こうじょう》・盛算の四人にも青袈裟を授けて、希望する五台山の巡礼を許可した。九八五年、巡礼を終えて帰国を願い出た奝然に対して太宗は「法済大師《ほうさいたいし》」の号を賜うとともに、開板まもない蜀版大蔵経《しょくはんだいぞうきょう》四八一函・五〇四八巻と新たに漢訳された経典四一巻、および太宗自ら九八三年に撰した『御製蓮華心輪廻文偈頌《ぎょせいれんげしんりんえもんげじゅ》』を与え、翌九八六年に台州《だいしゅう》（浙江省）の貿易商人の船で帰国させた。手島崇裕《てしまたかひろ》氏によれば、大蔵経や御製偈頌の下賜は宋初の文化事業の成果を特別に賜与することで皇帝の権威を宣示し、日本に謝恩使の派遣をうながすことによって、皇帝の権威で秩序づけられた日中関係を創出しようとする意図があったとされる（「東アジア再編期の日中関係における仏教の位置・役割について」『平安時代の対外関係と仏教』校倉書房、二〇一四年）。ただし、『宋史』日本国伝に「（奝然が）印本大蔵経を求める。詔してこれを給う」とあるように、それはあくまで奝然に対する賜与であって、手島氏が指摘するような意図があったにしても、僧を介した間接的な行為である点では、呉越国王の銭弘俶四千八万塔の賜与と大きく変わるものではなかった。

図20　釈迦如来立像（清涼寺所蔵）
奝然が宋より請来した.

この奝然との交流を契機として宋は、九八七年に日本への商人の渡航を解禁し、その後に杭州《こうしゅう》と明州《めいしゅう》（ともに浙江省、明州は現在の寧波市《ねいはし》）に市舶司《しはくし》という役所を置いて、日本方面の貿易の監督と徴税に当たらせることとなった。

奝然は聖跡の巡礼という目的を果たして帰国したものの、彼が五台山を訪れた時、そこでは太宗の発願《ほつがん》によって一万体の金銅製の文殊菩薩像《もんじゅぼさつぞう》を製作して真容院《しんよういん》に安置するという大事業が進められていた。これを見た奝然は自分も財物を喜捨《きしゃ》してこの事業に参加したいという思いを抱いたが、在宋中に実現することはできなかった。そこで奝然は、自身を日本に送り届けた貿易商人の鄭仁徳《ていじんとく》が宋に戻るに際して、弟子の嘉因《かいん》らを同行させてその宿願を遂げ、あわせて新訳の経論を日本に持ち帰らせて天皇の位の安泰を祈願させたいと朝廷に願い出た。嘉因は先の奝然の入宋にも従者として参加した東大寺の僧である。朝廷はこの申請を勅許し、嘉因は永延《えいえん》二年（九八八）に奝然の使者として再び入宋した。『宋史』日本国伝によれば、奝然は嘉因に託して皇帝への思慕の念を縷々《るる》綴《つづ》った表状と進奉物《しんぽうぶつ》を奉っている。その後、目的を果たした嘉因は永祚《えいそ》二年（九九〇）に帰国して、宋で製作された文殊菩薩像を日本にもたらした。

ところで、この時に宋に献じられた進奉物には金銀蒔絵《まきえ》や螺鈿《らでん》、大和絵《やまとえ》で彩られた美術工芸品などの他に、硫黄《いおう》七〇〇〇斤が含まれていた。山内晋次氏によれば、これは日本産の硫黄が中国に輸出された史料上の初見例であり、その後、硫黄は日本の主要な輸出品の一つとなっていく（『日宋貿易と「硫黄の道」』山川出版社、二〇〇九年）。その産地は大分県の火山地帯と薩南諸島《さつなんしょとう》の硫黄島《いおうじま》（鹿児島県）である。先に述べた奄美島人の襲撃事件にもみられたように、大宰府がこの頃から積極的に南島産品の調達に乗り出しており、そのもとで大量に入手された硫黄が中国に輸出されるようになっていく。中国において硫黄は火薬兵器の原料に用いられる軍需物資であった。そのため日本と宋との貿易は大陸の軍事問題とも関連性を持つこととなる。

図21　硫黄島（山内晋次氏提供，2012年撮影）

日本人渡航者と宋王朝

『宋史』日本国伝に奝然・嘉因に次いで記録された日本人渡航者は先述した「滕木吉」であった。彼は、日本の北陸地方に漂着して七年で帰国した周世昌《しゅうせいしょう》（羌《きょう》世昌）という建州《けんしゅう》（福建省）の商人の船に乗って一〇〇二年に宋に渡った。その事情は不明だが、何の肩書きも記されていない滕木吉は日本の使者とは思えないから、一般の俗人であろう。この滕木吉もまた、周世昌とともに第三代皇帝真宗《しんそう》に召されて拝謁している。真宗は彼らに日本の風俗を問い、おそらく入国時に漂流の経緯を説明するために彼らが提出した文書に書かれていた日本の州名（若狭《わかさ》・越前《えちぜん》か）と年号（長保か）を説明させるとともに、滕木吉の所持する木弓の性能を確かめたのであった。

その二年後の一〇〇四年にも、真宗は前年に入宋した延暦寺僧の寂照《じゃくしょう》を召して日本について問い、奝然の時と同様に紫衣と「円通大師《えんつうたいし》」の号を授けて天台山の巡礼を許可している。この時には従僧七人にも紫衣が授けられており、その厚遇ぶりが分かる。また、真宗の下問は日本の官人数や貢賦、試験、信仰、および日本に伝わる漢籍など多岐にわたり、やはり日本に対する関心は高かった。

この真宗朝の宋と日本の関係については、宋代の雑記類書『皇朝類苑《こうちょうるいえん》』や仏教史書『仏祖統紀《ぶつそとうき》』に次のような説話が記されている。宋の大中祥符《だいちゅうしょうふ》五年（一〇一二）に日本国が遣使してきた。その使者は、中原天子が聖明な時に現れると伝わる祥光が国の東に出現したため入貢したという。それを聞いた真宗は大いに喜んで日本に寺院を建てさせて「神光」の扁額《へんがく》を賜与した。

これが史実かどうかは判然とせず、仮に事実であったとしても、当時の日本の対外姿勢からして、この使者は日本国使を騙る偽物ではないかと思われるが、日本にもこれに対応するかと思える出所不明の記録がある。江戸時代の天明《てんめい》元年（一七八一）頃にまとめられた『日本運上録《にほんうんじょうろく》』という年表風の書物の三条天皇《さんじょうてんのう》・長和《ちょうわ》二年（一〇一三）の項に「宋国から牒状が来た。返牒は式部大輔《しきぶのだいぶ》高階積善《たかしなのもりよし》が勅をうけたまわり、座を立つことなく起草して進上した。これは末代の美談である」とある。あるいはこれが前年の日本国使に応えた宋の牒状かもしれない。しかし、他の史料に牒状到来の事実のあったことはみえず、同年の式部大輔も藤原広業《ふじわらのひろなり》であって、当時左少弁《さしょうべん》だった高階積善には生涯を通じて式部大輔の経歴は確認できないから、この記事の信憑性は疑わしい。長和二年の牒状到来は史実か否か真偽不明とせざるをえない。

いずれにしても、宋代初期の太宗・真宗両朝では、私人として来訪した僧俗の日本人を皇帝の面前に召して国情を聴取するなど、日本に高い関心を示している。日本国使の説話も、そうした真宗朝の姿勢を反映したものであろう。その背景には、後晋の代に割譲された燕雲十六州の領有などをめぐって対立する契丹との軍事的緊張があった。

澶淵の盟と日本

その宋・契丹両国の緊張は、一〇〇四年に契丹の第六代皇帝聖宗《せいそう》が大規模な侵攻を敢行し、それに対して真宗も出陣して両軍が黄河《こうが》北岸の澶州《せんしゅう》（河南省濮陽市《かなんしょうぼくようし》）で対峙するなかで結ばれた「澶淵の盟《せんえんのめい》」の講和によって緩和に向かった。この講和で両国は宋を兄、契丹を弟とする関係を結び、宋から契丹に銀一〇万両と絹二〇万匹（後に銀二〇万両、絹三〇万匹に増額）を歳幣《さいへい》として毎年贈ることを約束して、国境を現状維持とする和平が成立し、両国の軍事衝突には終止符が打たれることとなった。

その後、宋の第四代皇帝仁宗《じんそう》の頃になると、対日姿勢にも変化がみられる。

一〇二六年、「日本国大宰府進奉使《しんぽうし》」を名乗る宋商人の周良史《しゅうりょうし》が明州に到り、宋朝に貢ぎ物を献じた。これは、当時の大宰府の長官であった大宰大弐《だざいのだいに》藤原惟憲《ふじわらのこれのり》が秘密裏に自己の財物を託して派遣した貿易船であった。周良史は貿易商人の宋人と日本人女性との間に生まれた混血児で、自身も父の船に乗って対日貿易に従事していたが、この時に初めて貿易船を運航する責任者である綱首《ごうしゅ》となって独立した。周良史はこの進奉に先立って関白藤原頼通《ふじわらのよりみち》に名籍《めいせき》（名前を書き付けた名刺のようなもの。名簿《みょうぶ》ともいう）を奉呈し、母が日本人であることを述べて栄爵《えいしゃく》（従五位下《じゅごいげ》の位《くらい》）を申請している。進奉使となるに当たって日本の爵位を利用しようとしたのであろう。その要求は通らなかったが、周良史は明後年に再来して錦・綾・香薬などを献じることを約束して頼通から砂金三〇両を賜っている。

こうした日本からの来訪者に対して、真宗朝までは周世昌と滕木吉の場合のように使者ではない私人であっても上京させて皇帝に謁見させていたが、この時は日本からの使者であっても「本国の表章《ひょうしょう》がないため朝廷に上申《じょうしん》しがたい」として上京させず、明州に対応を任せている。

同様な態度の変化はウイグル僧に対してもみられる。一〇〇九年に貢ぎ物を奉って皇帝のもとに赴いた哈尚《こうしょう》というウイグル僧が五台山の巡礼を願い出ると真宗は「西北の異民族が仏教を崇めることは中国の利ともなることだ」として巡礼を許可したが、仁宗朝の一〇二五年には、皇帝の誕生日に当たる乾元節《けんげんせつ》に貢馬した法会《ほうかい》というウイグル僧に対して「今後はこの僧のような進奉者がいても朝見のために上京させる必要はない」という方針を示した。

翌年の大宰府進奉使周良史に対してもこれと同じ対応がとられたわけだが、視点を変えれば、契丹との緊張緩和によって対外的な関心が低下した表れとも言えるだろう。その後、長元の初め（一〇二八年頃）には延暦寺の僧紹良《しょうりょう》が入宋して明州で天台教学を三年間学んで帰国し、永承《えいしょう》四年（一〇四九）にも慶盛《きょうじょう》という僧が太政官符《だいじょうかんぷ》による許可を得て入宋しているが、彼らが皇帝に謁見した記録はない。

ここまでみてきた十世紀から十一世紀前半の日本と中国との関係では、天皇と呉越国王との直接的な関係は避けられ、宋とも僧侶を介した関係に留まっていた。宋の皇帝が与えた大蔵経などの下賜品も、あくまで僧個人に対する賜与であって、継続的に僧侶の入宋があったとはいえ、国家間の関係が成立したとまでは言えない。日本が国家として宋からの政治的アプローチに対応することを求められるようになるのは、十一世紀後半以降のことである。

成尋の入宋と皇帝の賜物

成尋の入宋

延久《えんきゅう》四年（一〇七二）に京都岩倉《いわくら》の大雲寺《だいうんじ》の天台僧成尋《じょうじん》が宋商人の貿易船に便乗して中国に渡った。成尋は後冷泉天皇《ごれいぜいてんのう》や関白藤原頼通《かんぱくふじわらのよりみち》の厚い帰依《きえ》を受けた高僧で、その周辺の人々の後援によって入宋したことが石井正敏氏によって指摘されている（「入宋巡礼僧」『アジアのなかの日本史V　自意識と相互理解』東京大学出版会、一九九三年、『石井正敏著作集』第二巻所収）。

しかし、後冷泉天皇はすでに亡く、藤原頼通もまた、後冷泉の父後朱雀天皇《ごすざくてんのう》の代に起きた延暦寺《えんりゃくじ》と園城寺《おんじょうじ》の深刻な対立などの重大な政治課題に関白として適切に対処できなかったことで後朱雀の信頼を失っていた。後朱雀は息子の後冷泉に譲位《じょうい》するに当たり、ただちに後冷泉の異母弟の尊仁親王《たかひとしんのう》を皇太子に指名している。この時代は今日とは異なり、必ずしも皇太子をすぐに決めなければならない決まりはない。普通であれば新たに即位した後冷泉天皇に摂関家の女性を入内《じゅだい》させ、その間に生まれた皇子を皇太子とするところである。しかし後朱雀は皇族の禎子内親王《ていしないしんのう》を母とする尊仁を後冷泉の皇太子に指名して崩御《ほうぎょ》した。これは、次代の天皇に摂関家の後見は必要ないという後朱雀の強い意志の表れである。そして、治暦《じりゃく》四年（一〇六八）に後冷泉が崩御して、約一七〇年ぶりに摂関家を外《がい》戚《せき》としない尊仁が即位すると（後三条天皇《ごさんじょうてんのう》）、頼通は関白の地位を弟の教通《のりみち》に譲って宇治《うじ》に隠居した。ここに、摂関が外戚として天皇を補佐・後見して政治を主導する「摂関政治」の体制は崩れ、後三条天皇の親政《しんせい》を経て、上皇《じょうこう》（院）が専制的権力を振るう「院政《いんせい》」への道が開かれていくことになる。

延久二年、成尋が若い頃から志していた五台山《ごだいさん》や天台山《てんだいさん》の聖跡巡礼を実現するために入《にっ》宋《そう》を願い出た時、すでに権力の座は後三条天皇に移っており、成尋の後援者である藤原頼通は政界を引退していた。そのため勅許《ちょっきょ》は容易に下りず、ついに六〇歳を迎えた成尋は延久四年三月に勅許のないまま、弟子とともに密航する形で宋に渡った。自由な海外渡航を禁じた「渡海制」の規制をかいくぐるため、成尋ら一行は貿易港の博多津《はかたつ》ではなく肥《ひ》前国松浦郡《ぜんのくにまつらぐん》の壁島《かべしま》（佐賀県唐津市加部島《さがけんからつしかべしま》）で貿易船に乗り込み、出港するまで海辺の人々に見つからないように息を潜めて船室に隠れて時を過ごした。

このような経緯で入宋した成尋だったが、天台山の巡礼を終えて五台山に向かうことを願い出た時、その許可とともに聖旨《せいし》により上京して皇帝神宗《しんそう》に謁見するよう命じられた。これを受けて成尋は州県の官員に護送されて十月に入京し、事前に勅使《ちょくし》（天子の使者）を介して皇帝からの下問に答えたうえで、二十二日に朝見して紫衣を賜り、正式に五台山の参詣を許可する皇帝の仰せを受けた。また、成尋の従僧七人には褐衣《かちえ》（一般の僧が着す黄黒色の短衣）が賜与されている。

皇帝の下問はこの時も風俗・人口・地理・気候や国王の世系・官職など多岐にわたっているが、特に日本が中国に朝貢しない理由が尋ねられた。ここには、日本からの朝貢を望む宋の姿勢が垣間見える。この質問に対して成尋は「日本と中国の明州との間の海はどのくらいか分からない数千里の距離があり、波が高く停泊する場所もないため通交できないのです」と答えている。

そして、成尋の朝見は「蕃夷朝貢条貫《ばんいちょうこうじょうかん》」の作法に則って行われた。勅許なく密航した成尋は日本の正式な使者ではなく、「蕃夷」の「朝貢」とは、あくまで宋朝が成尋を海外からの進奉者として扱ったものである。

五台山の巡礼を終えて帰京した成尋は随行した弟子のうち頼縁《らいえん》・快宗《かいそう》ら五人を帰国させて自らは宋の地に留まり、一〇八一年に開封《かいほう》の開宝寺《かいほうじ》で示寂《じじゃく》したと伝わる。

新法党政権の積極外交と皇帝の賜物

宋が日本からの渡航者を皇帝に謁見させたのは七〇年近く前の真宗朝の寂照以来のことであり、その背景にもやはり当時の宋の対外政策のあったことが、榎本渉《えのもとわたる》氏によって指摘されている（「北宋後期の日宋間交渉」『アジア遊学』六四、二〇〇四年）。

この時の宋は王安石《おうあんせき》が宰相《さいしょう》の地位に就いて政権を担い、「新法《しんぽう》」と呼ばれる改革を実施していた時期に当たる。また、軍事課題としては中国西北部のオルドス・甘粛《かんしゅく》地方に勃興した西夏《せいか》との対立があった。

西夏は宋・契丹両国から西平王《せいへいおう》に封ぜられていたタングート族の李元昊《りげんこう》が一〇三八年に皇帝を称し、国号を「大夏」とした王朝で、河西回廊《かせいかいろう》を掌握してシルクロードの東西交易を押さえ、宋の西北国境に侵攻した。その防衛に苦しむ宋に対して、一〇四二年には契丹が宋の西夏出兵と国境の軍備増強を責め、澶淵《せんえん》の盟を改定して関南十県《かんなんじっけん》（燕雲十六州《えんうんじゅうろくしゅう》のうち後周《こうしゅう》の時に中国が奪還した地域）を割譲（返還）するよう要求した。この交渉は最終的に、領土の代わりに宋が歳幣《さいへい》を増額することで決着した。西夏の友好国の契丹が宋と和平を回復したことで一〇四四年には西夏も宋と和平を結び、西夏が宋に臣事する代わりに宋から西夏に歳賜《さいし》として毎年巨額の銀・絹・茶を支払うこととなった（慶暦《けいれき》の和約）。しかしその後も西夏との関係は不安定で、宋は国境に大軍を配備し続けなければならず、その軍費は契丹・西夏への巨額の歳幣・歳賜とあいまって宋の国家財政を圧迫し続けた。

そこで王安石は財政を再建するために重商主義政策をとり、関税収入による国庫の充実を図って貿易を振興するとともに、契丹との親善関係を維持しつつ西夏に攻撃を加える対外積極策をとった。成尋が入宋した一〇七二年には西夏の喉元を扼《やく》する黄河《こうが》上流の支流・湟水《こうすい》流域の地を制圧して熙河路《きかろ》を置いている。

そうしたなか、成尋と分かれて帰国する頼縁・快宗ら五人は参内《さんだい》して神宗から紫衣を賜り、さらに「日本皇帝」に贈る金泥《きんでい》の『法華経《ほけきょう》』七巻と錦《にしき》二〇疋《ぴき》、一切経《いっさいきょう》、ならびに日本に送る皇帝神宗の御筆文書《ぎょひつもんじょ》を付与されて、一〇七三年に貿易商人孫吉《そんきつ》（孫思文《そんしぶん》とも。思文は字《あざな》）の船に乗って帰途に就いた。「御筆文書」とは、皇帝が朝廷に諮《はか》ることなく御《ご》親筆《しんぴつ》の名で自らの意志を直接伝える御筆手詔《ぎょひつしゅしょう》（内降手詔《ないこうしゅしょう》）を指すと思われる。その内容は現在に伝わらないが、日本に贈り物をして朝貢を呼びかけることで貿易の振興を図る親書であろうか。頼縁・快宗らを日本に送り届けることは皇帝の聖旨《せいし》によって命じられ、孫吉には明州《めいしゅう》奉化《ほうか》郡奉国軍節度《ぐんほうこくぐんせつど》から「奉国軍牒」が与えられた。孫吉の渡日は勅命《ちょくめい》を受けた「大宋国方物使《だいそうこくほうぶつし》」としての立場によるものであった。

中国王朝からの親書と贈り物はこれまでにも呉越《ごえつ》国王の例があったが、その時とは違い今回は中華帝国の「大宋国皇帝」によるもので、陪臣であることを口実に受け取りを拒否することはできない相手であった。その贈り物の到来を受けて日本の朝廷では、これを受領するか否かが審議されることとなった。なお、「御筆文書」については日本の史料では言及されておらず、後述のように朝廷には届かなかったらしい。

日本の返牒

日本では、延久四年（一〇七二）の末に後三条天皇が譲位して白河天皇《しらかわてんのう》の代となっていた。後三条は翌年五月に崩御《ほうぎょ》している。関白は引き続き藤原教通が務めたが、白河即位時にすでに七七歳と高齢であり、承保《じょうほう》二年（一〇七五）九月に薨去《こうきょ》した。そのため、この宋からの贈り物に対する審議は教通に代わって頼通の息子左大臣藤原師実《ふじわらのもろざね》が主導し、教通の死後に関白となった。

成尋の弟子の帰朝と皇帝からの賜物の情報は延久五年十月に朝廷に伝えられたらしいが、その審議は翌々年の承保二年正月から本格的に始まった。そして、その年十月には皇帝の賜物を受領することが決まり、十二月に贈り物を受け取るため大宰府に下向する「やんごとなき」使者の選定が行われた。また、翌年の承保三年六月には答信物《とうしんぶつ》（返礼品）を何にするか審議する公卿《くぎょう》の会議が内裏《だいり》の清涼殿《せいりようでん》にある殿上《てんじょう》の間《ま》で行われている。清涼殿は天皇の御在所であり、その南庇《みなみびさし》に設けられた殿上の間は天皇に近侍する公卿と限られた廷臣しか参入を許されない特別な空間である。その天皇のお膝元で行われる「殿上定《てんじょうさだめ》」の議を経て、国家の最終判断としての正式な対応が決定されたのである。

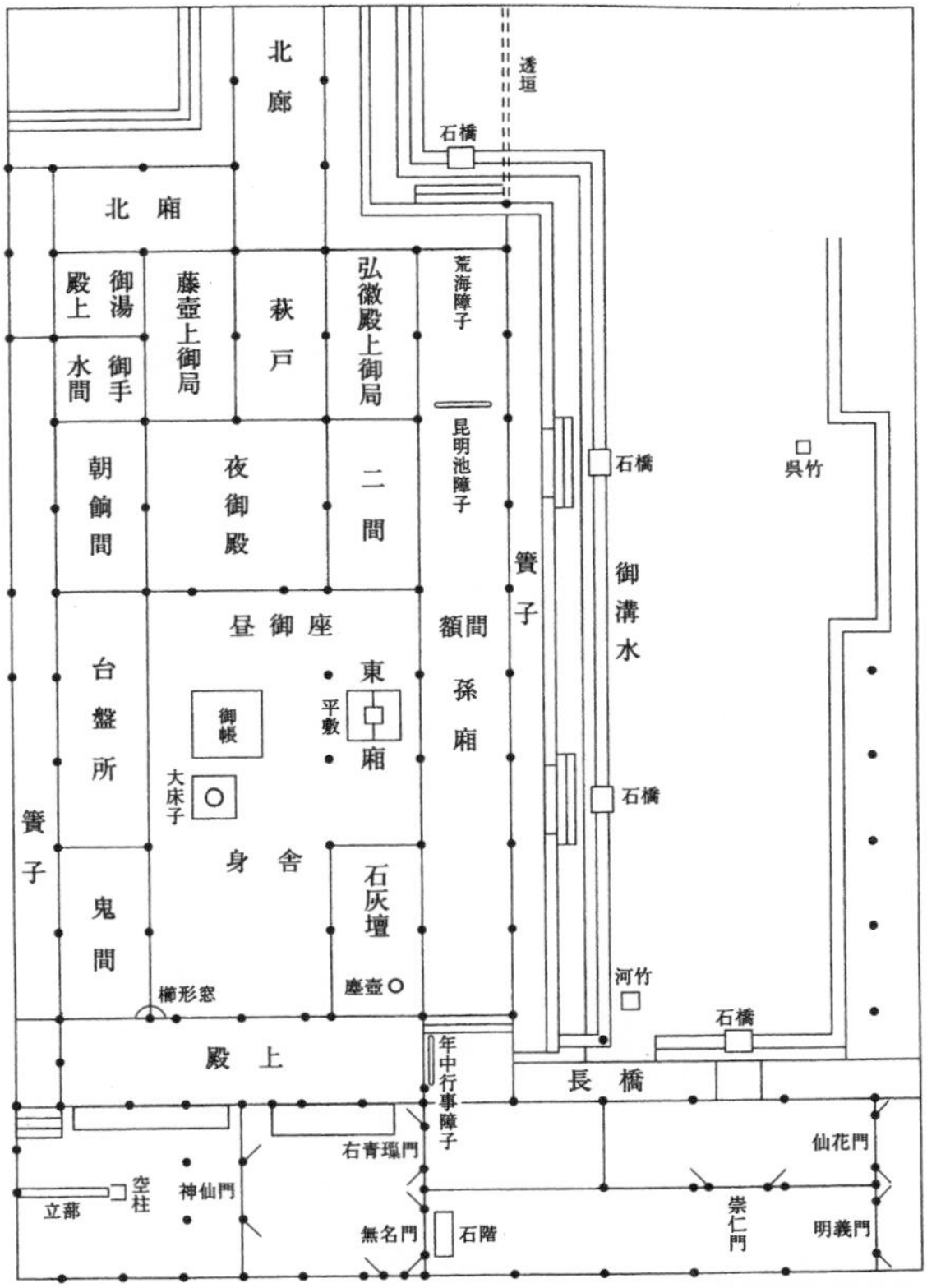

(『角川新版日本史辞典』角川書店，1996年より)

(宮内庁京都事務所提供)

図22　清涼殿と京都御所の殿上の間

天皇は日中，昼御座（ひのおまし）に居住．写真奥の殿上の御椅子（ごいし）は天皇の存在を象徴する．

答信物には火取玉《ひとるたま》（水晶）や水銀、真珠、美濃長絹《みののちょうけん》、細布《さいふ》、金銀類、和琴《わごん》などの特産品が候補に挙げられ、最終的には六丈織絹《ろくじょうおりぎぬ》二〇〇疋と水銀五〇〇〇両を贈ることとなった。承保四年五月には宋に返信して答信物を送るよう大宰府に命じる太政官符が作成・捺印されている。その答信物に添えられた外交文書は黄紙《こうし》に能書家が清書して螺鈿の筥に入れられた美麗なものであった。『宋史』日本国伝や『続資治通鑑長編《ぞくしじつがんちょうへん》』といった中国の史料によれば、「日本国大宰府牒」を携えた使人の「孫忠《そんちゅう》」と「通事僧仲廻《つうじそうちゅうかい》」が同年末に宋の明州に到り、「絁《あしぎぬ》二〇〇匹、水銀五〇〇〇両」を貢進したと記録されている。

これまでの研究では「孫忠」は上述の孫吉と同一人物と考えられている。その場合、帰国を前にして孫吉から孫忠に改名したことになる。ただし、別人の可能性もある。彼は後述するようにこの日本の貢進物に対する返礼の品をたずさえて翌年に再来日する。その来航は孫吉が成尋の弟子を日本に送り届けた延久五年からまだ五年しか経過しておらず、上述した「年紀」の来航制限年数を満たしていなかったが、そのことが問題になった形跡がない。使人となることで年紀の規制の対象外となった可能性もあるが、後年の事例では牒状をもたらしても年紀が問題となった例がある。孫吉は何らかの理由で帰国せず、孫吉の近縁者の孫忠に綱首《ごうしゅ》（貿易船の統括責任者）を交替した可能性もあろう。孫吉と孫忠を混同するのは後世の勘文《かんもん》か編纂史料であり、同年代の一次史料はこの前後で孫吉から孫忠にすべて変わっているため、両者が同一人物かどうか判然としない。

審議長期化の理由

それにしても、日本に皇帝の贈り物が届いてから返信するまで実に四年半の歳月が経過している。現代の感覚からすればなんとも緩慢で緊張感に欠けた対応と映るだろう。このことから読者は平安貴族の外交に対する消極性や怠慢さ、外交能力の欠如を読み取るかもしれない。しかし、そのように考えるべきではない。

呉越国王銭元瓘の書状を届けた貿易商人蔣承勲が承平五年（九三五）に来日してから大臣の返書を受け取って天慶三年（九四〇）に帰国するまで足かけ六年（正味五年）だったことを思い出して欲しい。その原因は商人の貿易活動が長期にわたるためであった。孫吉も貿易商人であるため事情は同じである。その最大の顧客は朝廷であり、来日の報告から安置の許可、朝廷が必要とする輸入品の購入と京への輸送、その後の代価支払い（しばしば年単位の分割払いとなる）という一連の手続きには数年を要した。朝廷の側からみれば、その取引が完了するまで貿易商人は日本に滞在し続けるのだから、取引の経過をみながら商人の帰国に合わせて返答すればよいのである。したがって、決定の遅速は外交に対する積極性の有無とは実はさほど関係がない。数年後の帰国のために早々に決定を下しても無駄に間が空くだけであり、むしろ拙速な判断にもつながりかねない。あるいは商人が授けられた返礼の品を長く保管しているあいだに売りさばいてしまうことがないとも言い切れないであろう。むしろ返事は商人の帰国時にすることこそが望ましい。平安貴族は与えられた条件のもとで十分に真剣かつ慎重に議論して決定を下している。長期にわたって審議が重ねられたのはこうした理由によるのであって、当時の事情を踏まえた理解が必要である。

異国牒状問題にみる貴族の政治

宋からの回賜

日本が宋の使人孫忠に付して僧仲廻を使者に遣わして贈り物を送ったことに対して宋では、孫忠は宋の派遣した使臣《ししん》（官人）ではなく商人であり、その貢礼も諸国の例とは異なるとして、朝廷ではなく明州を主体として回賜《かいし》の品を与えることにした。また、孫忠とともに使者を務めた日本僧の仲廻も「慕化懐徳大師《ぼかかいとくたいし》」の号を賜って日本に帰国している。

密航した成尋であっても皇帝に謁見させた宋が、わずか数年後の今回は使者として渡航した孫忠・仲廻に対して、上京させることなく明州での対応で済ませていることが注目される。これは先にみた大宰府進奉使周良史の場合とほぼ同様な対応であり、実はここにも宋の政権交代が影響していた。

新法とともに積極外交を行った王安石は一〇七六年に宰相を退き、代わって呉充《ごじゅう》が一〇八〇年まで宰相の地位に就いた。この呉充に対しては旧法党《きゅうほうとう》の司馬光《しばこう》が新法を止めて国を安んじるべきことを説いている。旧法党は王安石の新法に反対する立場に立ち、新法とは正反対の政策を実施した。北宋後期の朝廷ではこれ以降、新法党と旧法党の政権交代が繰り返されている。王安石の辞任にともない、日本への対応もそれだけ消極的になったのである。呉充が宰相となった一〇七六年には、対日貿易を管理していた杭州・明州の市舶司も一時廃止されて広州《こうしゅう》市舶司（広東省《かんとんしょう》）に貿易事務が集約されている。

孫忠・仲廻が明州から回賜として籠子《ろうじ》四合に入った錦《にしき》・綺《あや》（文様を織り出した高級絹織物）を受け取って日本に戻ったのは承暦《じょうりゃく》二年（一〇七八）十月頃であったが、これが日本の朝廷を困惑させることとなる。

これまで入宋僧《にっそうそう》を介した関係はあったものの、中国王朝と日本との国家どうしの交流は久しくなかった。ところが、成尋の弟子が帰国して以降、宋から贈り物が何度も届いたものだから、貴族たちは訝《いぶか》しがった。また、この時に回賜品とともに届いた明州からの文書は「大宋国進物送文」とか「本錦等注文」とも呼ばれるような形態の文書で、「廻賜日本国大宰府令藤原経平《ふじわらのつねひら》」と書き出し、差出の人名や年号も記さない、おそらくは回賜品に添えられた目録のようなもの（回賜文）だったらしい。そこには先に日本が送った答信物を受領したかどうか何も記載されておらず、宛先も大宰府長官の大弐藤原経平であるという、疑問の多いものであった。

このような体裁であるにもかかわらず、日本の朝廷はこれを「大宋国皇帝」の贈り物と認識して対応を協議している。それは、孫忠がそのように伝えたからであろう。実際、明州が主体となって回賜したとはいえ、明州自身もこれを「朝廷の回賜」と認識していた。

この贈り物を受領すべきか否か、回賜文に対して返牒すべきか否かを審議するに当たって、不審な点が多いことから朝廷は太政官の使（官使《かんし》）を大宰府に派遣して調査させることとした。この時、大宰府の長官の大弐藤原経平は問題の当事者の一人であったため、官使の指示のもと大弐に代わって少弐《しょうに》兼筑前守《ちくぜんのかみ》藤原成季《ふじわらのなりすえ》と肥後守《ひごのかみ》源時綱《みなもとのときつな》を孫忠の尋問に当らせた。承暦四年正月には、通例なら親王が任じられて実権を持たない大宰帥《だざいのそち》に公卿の藤原資仲《ふじわらのすけなか》を任じて経平に代わる大宰府の長官とし、経平は任を解かれて同年閏八月までには上京させられている。資仲はその後、自ら申請して権帥に遷り、十月に任地に下った。当初、資仲が異例の大宰帥に任じられたことからみても、中央政府がこの問題を重大視していたことがうかがえる。

そして、この官使派遣による調査によって、大弐藤原経平が密かに行った問題行動が白日の下にさらされることとなった。

大弐藤原経平の暗躍　経平は先の答信物を宋に送る際、それに加えて経平個人の贈り物を宋の明州奉国軍に送るよう密かに孫忠・仲廻に指示していた。そして、彼らが帰国すると経平は目代《もくだい》の豊前前司《ぶぜんぜんじ》藤原保定《ふじわらのやすさだ》と甲斐進士為季《かいしんじためすえ》とともに孫忠のもたらした唐物《からもの》を多く奪い取ったという。豊前前司とは豊前守《ぶぜんのかみ》の任期を終えて就職浪人中の者、甲斐進士とは大学寮《だいがくりょう》の文章道《もんじょうどう》の学生《がくしょう》（進士）で奨学金として甲斐国《かいのくに》の掾《じょう》の給与を受け取る身分の者であり、彼らはその行政能力や文筆能力を買われて郎等《ろうとう》として雇われて大宰府政所《まんどころ》（大宰府長官の執務所）で大弐の目代となってはたらいていた者たちである。

あとで経平が弁明したところによれば、唐物を押収したことについては、大宰府の慣例的な価格での取引だというが、孫忠の主張によれば多額の未払いがあったという。また、経平が密かに私物を他国に献じた行為は「人臣たる者、外交なし」の典章を逸脱するものであり、さらにそのなかに弓や胡籙《やなぐい》（矢とそれを入れる容器一式）、刀などの武器が含まれていたこともあって問題視された。当時の日本から宋には刀剣が輸出されており、宋を代表する文人官僚の一人である欧陽脩《おうようしゅう》が日本の刀剣をたぐいまれな「宝刀」として「日本刀歌《にほんとうか》」に詠んでいるが、法令のうえでは武器の輸出は弓箭・兵器を諸蕃と交易してはならないとする養老関市令《ようろうかんしりょう》（律令《りつりょう》の一編目）の規定に背く違法行為であった。

くわえて、孫忠は来日時に固く封した報書（お返しの書状）を朝廷に提出しようとして大宰府に差し止められ、下向してきた官使に託そうとして、これも制止されたという。

この封書（報書）の内容は不明だが、実は宋の回賜とともに送られた明州の牒状で、不法行為の発覚を恐れた経平が押収したのではないかとする説がある。しかし、正式な牒状であれば文書を入れた函《はこ》ないし包み紙にそれを示す表書《おもてが》きがあって一見してそれとわかるはずだから「明州牒」と言わずに「孫忠の献じるところの封書」「異国の商客言上《ごんじょう》の牒状」と呼ばれているのはおかしいし、その存在は大宰府の報告書にも記載されていて、存在自体が隠蔽《いんぺい》されたわけでもない。後日、経平の不法行為を訴えた孫忠が事情聴取された時も明州牒状が押収されたといった話はでてきていないから、そのような事実があったとは考えられない。あくまで明州の牒状として扱われているのは回賜文であり、この封書は孫忠個人が朝廷に提出した書状とみるべきである。

その文書を差し押さえる行為に出た大宰府（経平）の言い分は、自らその書状を開いて内容を確認したうえでなければ、異国の者の文書を朝廷に献じることはできないというものであった。これは、大宰府ならびに縁海諸国に与えられた外交文書調査権（国書開封権）に基づく主張であろう。奈良時代、外交使節がもたらした文書は使節が入京して朝廷に奉って初めて開封されるものであったが、八世紀後半に渤海《ぼっかい》が臣下の礼を踏襲しない上表文を提出するようになると、日本の朝廷は天皇の権威が損なわれることを恐れ、外交文書の内容を事前に把握して、〈礼〉を逸脱したものは奉呈させない措置を講じるようになった。そのため、到着した外交使節を最初に出迎える縁海諸国や大宰府に外交文書を開封する権限が与えられたことは、石井正敏氏の研究に詳しい（『日本渤海関係史の研究』前掲）。

このような大宰府の主張に対して、官使の報告を受けた朝廷では、「大宰府の言うことはもっともだが、これは商人が上申した書状である。（だから外交文書と同列には扱えない。）固く封されているからといって、そのまま棄て置くべきではなく、その書状を朝廷に召し上げて内容を確認したうえで対応を決めるべきではないか」、「もしかすると先に送った答信物の受領書はその封書のなかに入っているのではないか」と議論が交わされている。もっとも、明州からの文書は回賜に添えた送り状に当たる回賜文のみで、答信物の受領書やそれに類する牒状は元々なかったようだが。

宋明州牒状と返牒

このような尋問を受けるなかで孫忠は、このままでは自分の立場が朝廷に信用されないと感じたのであろう。あらためて明州から牒状を発行してもらうために黄逢《こうほう》という自分の船の乗組員を承暦四年（一〇八〇）春に一時帰国させている。この年、宋では三月に呉充が辞任し、宰相王珪《おうけい》のもとで元豊《げんぽう》の改革が実施されると、八月には明州市舶司が再設置された。そうしたなかで黄逢は首尾良く明州の牒状を獲得して牒書使《ちょうしょし》を名乗って同年八月に再来日した。その牒状も大宰府に妨害されるのを避けるためか、黄逢は大宰府に到着するとすぐに小船に乗り換えて越前国《えちぜんのくに》（福井県）の敦賀津《つるがつ》に移動し、そこから明州牒状を朝廷に献じている。朝廷もこれを認め、官使を派遣して牒状を召すとともに、黄逢は大宰府に戻らせた。

その牒状は「大宋国明州」から「日本国」に宛てられた「牒」様式の文書であり、先に明州から朝廷の回賜を与えて日本に送った孫忠の帰りが遅いことを問い合わせるものだった。内容はどうということもないものだが、孫忠にとっては、この牒状によって自身のもたらした「大宋国皇帝」の贈り物（回賜）が大宰府長官個人ではなく日本国に送られた正式なものであることを証明することにもつながるだろう。また、明州から督促してもらうことによって、様々な疑惑で審議が停滞することを防ごうとしたと考えられる。

この牒状も踏まえ、孫忠からの上申書や藤原経平の弁明を加味して公卿の審議はさらに続けられた。そうしたなか、明くる年の永保《えいほう》元年（一〇八一）十月に再び明州から牒状が到来した。それを届けたのは貿易商人の王端《おうたん》という人物である。彼は実は同年の春に年紀違反で廻却処分を受けて帰国した黄政《こうせい》という商人と同一人物で、年紀の規制を掻い潜ろうとしてか、名前を変えて再来日したのであった。廻却となった時、王端（黄政）は孫忠と語らって帰国したらしく、今回の明州牒状も先のものと同じく孫忠の帰国を督促する内容

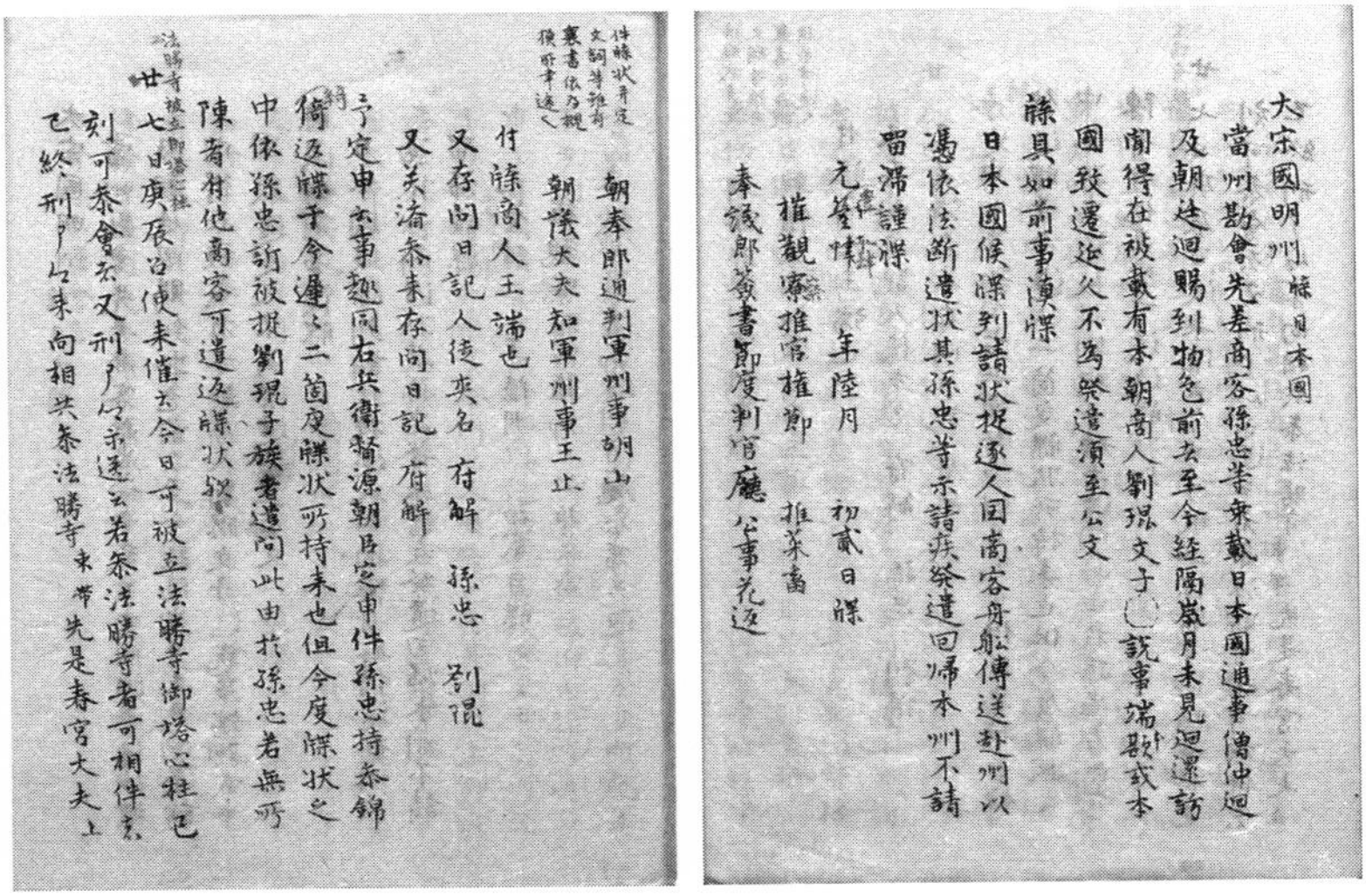
大宋國明州牒日本國
當州勘會先差商客孫忠等乘載日本國通事僧仲廻
及朝廷迴賜到物色前去至今經隔歲月未見迴還訪
聞得在彼載有本朝商人劉琨父子（　）就事端欲貳本
國致遷延久不為發遣須至公文
牒具如前事須牒
日本國候牒到請狀捉送人同商客舟船傳送赴州以
憑依法斷遣狀其孫忠等亦請疾發遣回歸本州不請
留滞謹牒
元豐　年陸月　初貳日牒
權觀察推官權節　推某畨
奉議郎簽書節度判官廳公事花逐

朝奉郎通判軍州事胡山
朝議大夫知軍州事王止
付牒商人王端也
又存問日記人徒夾名　存解　孫忠　劉琨
又关滴条来存問日記　府解
予定申云事趣同右兵衛督源朝臣定申件孫忠持参錦
倚返牒于今遅々二箇度牒状所持来也但今度牒状之
中依孫忠訴被捉劉琨子族者遣問此由於孫忠者無所
陳者付他商客可遣返牒状歟
廿七日庚辰自使来催云今日可被立法勝寺御塔心柱已
刻可参會云又刑ア仝亦送云若参法勝寺者可相伴云
已終刑ア仝来向相共参法勝寺　束帯　先是春宮大夫上

図23　『帥記』永保元年十月二十五日条所引き日本国宛て大宋国明州牒
（内閣文庫本，国立公文書館所蔵）

であった。その牒状は「大宋国明州」から「日本国」に宛てられ、錦の袋に入れられていたという。

二度目の督促を受けてからの日本の決断は早く、同月の末には贈り物を受領して再び答信物を送って返牒することを決定した。返牒に当たっては外題《げだい》（牒状を入れる函の表書き）と封緘《ふうかん》の先例の調査が命じられ、答信物も当初は毎回は不要とされたものの結局は絹織物を贈ることにしたらしく、諸国に絹糸《きぬいと》と絹綿《きぬわた》の納入を割り当てて準備に取りかかっている。そして翌永保二年四月に殿上定で返牒についての最終的な審議が行われて、大江匡房《おおえのまさふさ》の起草した返牒が十一月にようやく送られる運びとなった。その返牒は木函《きばこ》に入れられ、五色の漆《うるし》で封したものであったという。この返牒と答信物は年末か翌春には宋に届けられたであろう。

返牒草案の文面には「材　子路《しろ》に非《あら》ずして、なんぞ片言《へんげん》の獄《うった》えを折《さだ》めん」の文句があった。これは『論語《ろんご》』の一節「子曰《いは》く、片言以《もっ》て獄えを折むべき者は、其《そ》れ由《ゆう》なるか。子路は諾《だく》を宿《とど》むること無《な》し」を踏まえた句である。その意味は、孔子の弟子のなかで一言で判決を下すことのできるのは仲由《ちゅうゆう》であり、子路（仲由の字《あざな》）は一度承諾したら実行を引き延ばしたりはない、というもの。返牒は「子路のような人材でもなければ、どうして即断即決できましょうか」と言っているのであり、要するに督促に対する言い訳である。日本はこのように言い訳しながら辞を低くして宋に返牒したのであった。

異国牒状問題の争点

この時の宋との外交交渉は以上のようなものだったが、ここであらためて、その審議過程にみえるこの時代の貴族の政治のあり方を確認してみよう。

特に、日本が宋に送った答信物に対する回賜が届いてから返牒を送るまでについては、その審議に当たった公卿の一員である源俊房《みなもとのとしふさ》の日記『水左記《すいさき》』と源経信《みなもとのつねのぶ》の日記『帥記《そちき》』が残っていて、比較的詳しく審議の過程を知ることができる。

時の天皇は上述のように白河天皇、関白は左大臣藤原師実であり、回賜が届いた承暦二年（一〇七八）当時の天皇は二六歳、師実は三七歳という若さであった。また、太政官の議政官《ぎせいかん》としてこの案件を担当した責任者（上卿《しょうけい》）は、当初は師実の従弟《いとこ》に当たる権大納《ごんだいな》言《ごん》藤原能長《ふじわらのよしなが》だったが、承暦四年八月に内大臣《ないだいじん》に転任してからは、同時に右大臣《うだいじん》に昇進した能長の兄の藤原俊家《ふじわらのとしいえ》が当たっている。彼らは師実の従弟とはいえ、年齢は二〇以上も上の政界の重鎮であった。

この問題への対処は、まず太政官から大宰府に使者を派遣して調査することから始められ、その報告を受けた承暦四年の夏頃から本格的な審議に入ったが、先述のように大宰大弐藤原経平の暗躍もあり、審議は長期化することとなった。

藤原経平は白河天皇の皇太子時代にその家政をつかさどる春宮坊《とうぐうぼう》の亮《すけ》（次官）を務めた天皇の側近であり、彼の娘の経子《けいし》は白河天皇とのあいだに男児を儲けている（覚行法親《かくぎょうほっしん》王《のう》）。そのためであろう、五月二十七日に開かれた陣定の審議に先立って関白師実のもとを訪れた権中納言源経信は「今日の議題について、法に則って裁定するには憚《はばか》りがありますが、だからといってそうしなければ問題であり、（法を無視した裁定は）用いられるべきでもございません。そのために思い煩《わずら》っております」と判断に迷う心境を吐露した。これに対して師実は「まったく憚る必要などないだろう」と答えており、むしろ忌憚なく意見を述べるよううながしている。

これを受けて源経信は、その日の陣定で次のように意見を述べた。回賜文の書式については時とともに変化のあることだから強いて問題にするほどのことではない。回賜品も前回と同様に受領してよい。ただし、日本が先に送った答信物の受領の有無については回賜文に記載がなく、その宛先も大弐藤原経平個人であることに疑問があり黙止できない。大宰府から返牒するなら返牒にその問題点を明確に記載して宋に対して指摘すべきだが、まずは経平が差し止めた孫忠の封書の内容を確認したうえで返牒すべきである、と。

この主張に対しては多くの公卿が賛同した。後日の審議において、孫忠の封書のなかに答信物の受領書が入っているかもしれないとも言われているように、大弐経平の行動が事態の正確な把握を阻害していると公卿たちはみていた。そのため、あらぬ誤解をしたまま返牒してしまわないよう、十分な事実の確認が必要とされたのである。

また、審議の過程では経平が〈礼〉の規範を逸脱して違法に私物を明州奉国軍に献じたことも問題視されており、総じて明州の回賜への対処よりも経平の不審な動きが議論の中心となった。

経平を尋問すべきか否かについて、公卿は意見を保留して「勅定《ちょくじょう》に従うべし」と天皇に判断を委ねているが、その結果は経平に申し開きさせたうえで裁定することに決まったようで、閏八月十四日に再度開かれた陣定でも、孫忠の封書を確認することは前回の審議で一定《いちじょう》したといい、回賜品は早く受領して、経平に弁明させたうえで返牒することが確認されている。

そうしたなか、孫忠の部下の黄逢が大宰府を避けて越前から明州牒を献じようとしたため、重ねて陣定が招集された。多くの公卿は大宰府から牒状を献じさせる原則論を述べたが、源経信と源俊房はそれでは時間がかかるとして、牒状は越前から召して、黄逢は大宰府に戻らせるよう主張した。経信・俊房の意見は宋商人に有利で、商人から訴えられている経平には不利なものだったが、公卿から答申を受けた白河天皇と関白師実は越前から牒状を進上させる案を採用して宣旨《せんじ》を越前国に下した。その牒状は九月十日に天皇に奏上されている。

殿下議定の審議と決定

孫忠の訴えに対する経平の弁明は九月初めに提出された。関白師実はその内容を源経信に詳しく検討させて審議すべき事項を注出するよう命じ、陣定での正式な審議に先立って自邸に数名の公卿を招集して議論させている。このような摂関が招集して行う会議を研究用語で「殿下議定《でんかぎじょう》」（内裏の執務室で行う場合は「殿下直廬定《でんかじきろさだめ》」）と呼んでいる。陣定が正規の太政官議政官の会議であるのに対して、殿下議定は摂関が必要とみなした時に任意に必要な公卿のみを招集して行う「内々」のものである。

このとき集められた公卿は上卿の藤原俊家や源経信のほか、摂関家の姻戚で村上源氏《むらかみげんじ》の源俊房と顕房、および顕房の娘で師実の養女として白河天皇に入内《じゅだい》した藤原賢子《ふじわらのけんし》の中宮《ちゅうぐう》権大夫《ごんのだいぶ》を務める源俊明《みなもとのとしあき》とその甥の俊実《としざね》という摂関家や白河天皇と関わりの深い面々、および藤原教通の娘で後冷泉天皇《ごれいぜいてんのう》の皇后であった藤原歓子《ふじわらのかんし》の皇太后宮権大夫《こうたいごうぐうごんのだいぶ》を務め大宰大弐の経験のある藤原師成《ふじわらのもろなり》であった。

その審議は申刻《さるのこく》（午後四時頃）から始められ、経平に対する孫忠の訴えについて逐一検討されて議論は深夜に及んだ。その席上、参加者には翌日の陣定にも出席するよう師実から要請があったようで、同じ議題を重ねて審議することを無益と感じていた源経信ではあったが、事前に知っていたのに欠席するのは角が立つため陣定にも出席している。

この日の陣定は欠席者が多かった。陣定は天皇からの諮問に対して摂関以外の太政官議政官の現職にある見任公卿《げにんくぎょう》一人ひとりが意見を提示する会議であり、出席すれば必ず意見を述べなければならないうえに、その場の発言に対する責任は重い。そのため、多くの公卿は天皇の側近の処遇に関わる議題に発言することを憚って、あれこれと理由をつけて欠席したものと思われる。

この会議に出席したのは、前日の殿下議定の出席者以外には内大臣藤原能長くらいしか史料では確認できず、前日の審議に加わった藤原師成と源俊実も不参だった。天皇はその二人に経平の義理の従弟に当たる藤原公房《ふじわらのきんふさ》を加えた三名に特に追加招集をかけたが、参入したのは源俊実一人だけだった。そのため審議は簡略化されて、前日の審議結果をそのまま書き出し、その議論に加わっていない公卿に他の意見があれば追加することとなったが、追加意見は出されなかったようである。

天皇に答申された意見も、経平が違法に武器を含む私物を明州奉国軍に献じた特に重大な問題については「勅定に従うべし」として天皇の判断に委ねる消極的なものであった。源経信はその日の日記に、この公卿の答申は「(天皇の側近に遠慮する) 世情に従ったもので、末代の世では多くがこのようなものだ」と自嘲気味に書き残している。

経平は結局、罪に問われることはなかった。ただし、通常なら大弐として現地に赴任するとまもなく褒賞として与えられる位階の昇進が経平の場合は大幅に遅れ、事件から数年を経た応徳《おうとく》三年（一〇八六）になってようやく従三位《じゅさんみ》に叙されている。経平はその時すでに七三歳の高齢となっており、それまで公卿の仲間入りを待たされたのであった。

そして、宋に対する返牒については、永保元年（一〇八一）に再び内大臣藤原能長が上卿を務め、十月にはさらに大納言源俊房に交替して、新たに王端が持参した明州牒状とあわせて陣定で審議され、最終的に永保二年四月の殿上定の議を経て返牒のことが取り決められて審議は終了した。

今回、対応の決定までに長い時間を要したのは、宋商人の日本での貿易活動の期間によるというよりも、大弐藤原経平に対する種々の疑惑があり、それを明らかにして事実を正確に把握したうえで返牒する方針がとられたからであった。だからこそ孫忠は二度にわたって明州にはたらきかけて督促の牒状を発給してもらうことで早期の対応を要求しなければならなかったのである。

平安時代の貴族の政治

以上の経過をながめてみると、天皇・摂関といえど自己の利害を優先して恣意的に政治を行っているわけではないことがうかがえる。

公卿は白河天皇の側近である大弐藤原経平の処遇について遠慮しがちであったが、むしろ関白師実は源経信に対して法に則って忌憚なく意見を述べるよう求めている。源経信は太政官の事務局たる弁官《べんかん》や天皇の秘書官である蔵人頭《くろうどのとう》を歴任して公卿に昇り、「倭漢の学を兼ね、詩歌管弦《しいかかんげん》に長《た》け、法令の根源を極めた朝家《ちょうか》の重臣」とも評された練達の政治家であり、師実も彼を

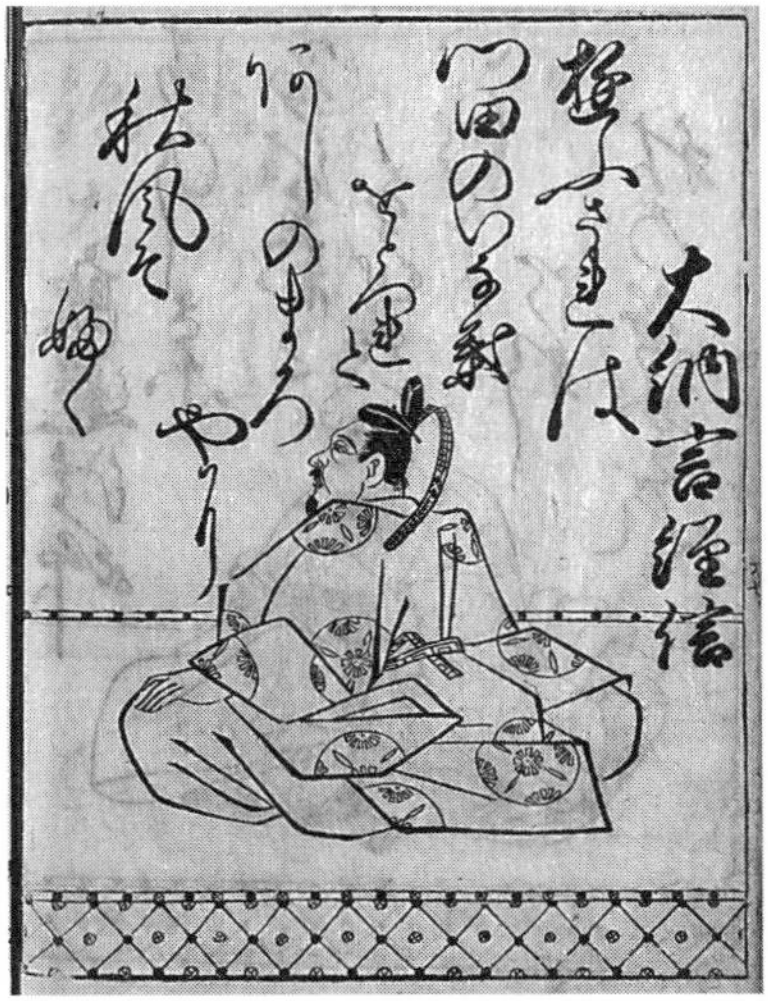

図24　源経信（菱川師宣画『小倉百人一首』延宝８年〈1680〉，国立国会図書館デジタルコレクション）

頼りにしていた。白河天皇と関白師実は経平が差し止めた孫忠の封書の内容を確認したうえで返牒すべきだとする源経信ら公卿の主張を認め、さらには経平にも説明責任を負わせ、その弁明のチェックを源経信に任せているように、経平の行動を不問とすることなく審議を進めさせている。

師実が陣定の前日に殿下議定を開いて近縁者に経平の問題を審議させたことは関白の恣意的な政治運営とみなされやすい。しかし、それまでの師実の姿勢からすれば、それは決して内輪で有利に事を進めるためのものではなかった。むしろこれは、天皇の近臣に遠慮して陣定の審議に加わることを避けようとする世情の風潮のために陣定が本来の機能を果たさない恐れのあるなかで、経平と同じ天皇の近臣の公卿を中心に、身内の処遇の審議を責任をもって十分に尽させようとする意図によるものと考えるべきであろう。だからこそ、殿下議定の審議は深夜にまで及んだのである。翌日の陣定を欠席した経平の義理の従弟の公房は道理を曲げて経平を庇うこともできないが糾弾することもできない苦しい立場だっただろうが、それを強いて招集しようとした天皇の態度にも、責任をもって意見を提出させようとする姿勢がみてとれる。

このように、宋への返牒を審議する過程では、個々の問題ごとに陣定が開かれて見任公卿に意見を徴し、その答申を踏まえて国家としての方針が決定されている。その政治は自己の利害を優先した恣意的なものでは決してなく、貴族層が共有する法と規範の秩序に基づいたものであり、天皇と摂関もその基盤のうえに立って政権を運営していたのである。

宋の積極外交と日本の対応

こうして、明州の回賜が届いてから四年、成尋の弟子の帰国から数えれば一〇年にわたる一連の交渉が終わったが、宋の日本に対する積極的な態度は変わらなかった。

快宗・戒覚の入宋と宋の硫黄買付計画

永保二年（一〇八二）作成の返牒を受け取って帰国した孫忠の船に便乗して宋に渡った可能性がある日本人僧に、成尋の弟子として入宋経験のある快宗がいる。彼は一〇八三年三月に再び皇帝神宗に謁見を許された。また、その翌日には前年に別便で入宋していた戒覚《かいかく》も皇帝に謁見して紫衣を賜っている。

なお、彼らはどちらも勅許なしでの渡航であった。戒覚も成尋と同様に船底に身を隠して大宰府の規制を逃れている。成尋以後、日本の朝廷が僧侶の入宋に勅許を出すことはなくなった。あるいは、僧侶の渡航が宋の政治的アプローチを誘発することを嫌ったのかもしれない。そして日本僧の入宋それ自体も、快宗・戒覚らのあとは平安末期の重源《ちょうげん》まで八〇年余りにわたって姿を消すことになる。

快宗・戒覚の謁見が行われた宋では、翌一〇八四年に、明州知事の馬琉《ばしゅう》の建言に基づいて日本産硫黄の大量買付計画が持ち上がった。この計画は、宋の朝廷の命令に準じて商人を募集し、商人グループ一綱《ごう》ごとに一〇万斤、五綱で合計五〇万斤の硫黄を日本から買い付けようというものである。山内晋次氏が指摘するように、その計画は実行に移されたらしく、翌年の応徳二年（一〇八五）十月には先の孫忠・王端のほか、柳忩《りゅうそう》・丁載《ていさい》・林《りん》皐《こう》の五人の綱首の船団が来日している（『日宋貿易と「硫黄の道」』前掲）。

この当時、宋は宰相王珪のもと、西夏の政変に乗じた「霊武《れいぶ》の役《えき》」に始まる征討作戦を展開しており、その軍事行動のための火薬兵器の原料として大量の硫黄が必要であった。明州としては、再三のはたらきかけによって日本から答信物と返牒が送られたことで、友好な関係が樹立されたとみての計画立案だったのであろう。

しかし、日本には「年紀」の来航制限規定があった。孫忠や王端は前回の来航からの間隔が規定の年数を経過していなかった。公卿たちは年紀を違反して来航した彼らを「商人の身でありながら、どうして宋の朝廷の願いを遂げることができるだろうか」と厳しく批判して廻却処分とした。そのため、この硫黄買付計画は不首尾に終わったと思われる。

この年、宋では主戦派の神宗が没して幼い哲宗《てっそう》の代になると宣仁太后《せんじんたいこう》の垂簾政治《すいれんせいじ》によって旧法が復活し、翌年には西夏との和平交渉に入った。しかし、その交渉は紆余曲折を経て宣仁太后没後の一〇九五年に決裂した。宰相には新法党の章惇《しょうとん》が就任していた。

新法党政権と明州牒状

その二年後、日本の永長《えいちょう》二年（承徳《じょうとく》元年、一〇九七）に再び明州から牒状が届いた。日本では応徳三年（一〇八六）に白河天皇が譲位して堀河天皇《ほりかわてんのう》に代替わりし、寛治《かんじ》八年（一〇九四）に関白が藤原師実から嫡男の師通《もろみち》に交替しており、嘉保《かほう》三年（一〇九六）に出家した白河法皇《ほうおう》が院政《いんせい》を開始していた時期である。今正秀《こんまさひで》氏によれば、この時期の通常の政務はこれまで通り天皇と関白が裁決した。そのうえで最高権力者たる院は、彼らが裁断に迷う困難な課題に直面した場合に自らの政治判断を下すという形で、天皇の政治を後見した（「院政期国家論の再構築にむけて」『史学研究』一九二号、一九九一年）。外交案件も同様である。

この時の牒状の内容は不明だが、牒状の体裁が先例と異なるものだったため、交渉を拒否する大宰府の返牒が出されている。その返牒もやはり中央において大江匡房が起草したものであった。なお、この時に大江匡房は大宰権帥《だざいのごんのそち》であった。しかし、まだ現地には赴任しておらず、返牒の起草も権帥としてではなく、他の事例と同様に菅原氏（菅家《かんけ》）と並んで文章道を担う江家《ごうけ》の碩学《せきがく》としての立場によるものである。

次いで、宋の徽宗《きそう》朝、日本では堀河天皇と藤原師通が相次いで早逝して鳥羽天皇《とばてんのう》・関白藤原忠実《ふじわらのただざね》の体制で引き続き白河院政が行われていた永久《えいきゅう》四年（一一一六）にも明州牒状が届いた。その牒状の正本は翌年に朝廷に進上されたようだが、これは紙で包み、その上から錦で包んだものだったという。この牒状をもたらしたのは陳次明《ちんじめい》という貿易商人であり、年紀を違反した来航だったらしく永久五年に廻却処分とされているが、翌年にも再び来日して返牒を求めた。この時、陣定で審議した公卿は「もとより日本国に牒した書ではなかった。商人の申請に従って返牒を調え遣わすことなどあってはならない」と述べて前回同様に廻却としている。

この時に返牒しなかった理由は「日本国」に宛てた牒がなかったためであるという。かつて黄逢と王端がそれぞれ持参した明州牒はどちらも「日本国」宛てであった。その先例と異なるために朝廷は受領を拒否したのである。

榎本渉氏は、この時期の明州牒状の背景に宋の燕雲十六州回復計画とそれにともなう硫黄需要の高まり、および新法党の宰相蔡京《さいけい》の貿易振興政策があったことを指摘している（「北宋後期の日宋間外交」前掲）。

燕雲十六州回復計画は一一一五年に始まった。同年には契丹《きったん》（遼《りょう》）に反旗を翻した女《じょ》真《しん》の完顔《ワンヤン》部の首長の阿骨打《アクダ》が「大金《だいきん》」の皇帝に即位して契丹の天祚帝《てんそてい》率いる大軍を破っている。翌年、金が遼東《りょうとう》を占領すると、一一一八年に宋は金に契丹の挟撃を提案し、その後の交渉を経て宋金同盟が結ばれた。そうして歴史は一一二五年の契丹滅亡へと向かっていくのである。

哲宗朝も徽宗朝も、ともに軍事的な緊張の高まりのあった時期に明州から日本に牒状が送られている。その体裁が函に入れず錦で包むといった簡略なものだったことからすれば、この牒状は先の硫黄買付計画と同様な目的で派遣した貿易船に明州が与えた口添えの書簡のごときものだったのではないかと想像される。なお、これらの牒状への対応は神宗朝の時とは違って迅速である。それは、牒状を持参した商人が総じて廻却とされたからであろう。対応の遅速は貴族の外交に対する姿勢の問題ではなく、商人の国内滞在期間と相関することがここからも確認できる。

宋皇帝徽宗の国書

ただし、陳次明が返牒を再度要求したのと同じ永久六年（一一一八）に孫俊明《そんしゅんめい》と鄭清《ていせい》という商人が届けた文書は少し様子が違っていた。彼らは二通の書状を持参しており、そのうち一通は官庁としての明州ではなくその長官（知事）である「知明州軍州事」個人を差出とするものであった。それは永長二年

（一〇九七）、永久四年の牒状と類似したものだったのであろう。やはり「公家《こうけ》」（天皇とその主宰する日本の朝廷）に宛てたものではないとして返牒は見送られた。しかし、もう一通は特別な文書だったらしい。内容は部分的にしか伝わらないが、次のようにあった。

いわんや、あなたは東夷《とうい》の長であり、実にこれは日本の邦である。人は謙遜の風を尊び、土地は珍奇の物産に富んでいる。かつては朝貢して中華帝国に帰順していたが、長年の空白で久しく来朝の義を欠いている。盛世に巡り会ったいま、大国に奉仕する誠意を厚くするように。

これを山崎覚士氏は日本に朝貢を促す皇帝徽宗の国書の一部であると指摘している（「書簡から見た宋代明州対日外交」『瀕海之都―宋代海港都市研究―』汲古書院、二〇一九年）。この国書に対しては紀伝《きでん》・明経《みょうぎょう》・明法道《みょうぼうどう》の博士と式部大輔《しきぶだいぶ》菅原在良《すがわらのありよし》に命じて隋唐《ずいとう》以来の「本朝」（日本）に献じられた外交文書の先例を調べさせて対応が協議された。従来の研究では孫俊明と鄭清がもたらした二通の文書に対しては、どちらにも返牒しなかったとされてきた。しかし、返牒しない理由が「公家」に献じたものではないことであるなら、それはこの国書には当てはまらない。この国書は「東夷の長」に呼びかける内容からしても、その先例が「本朝」に献じられた外交文書に求められたことからしても、天皇に宛てられた文書と考えられるからである。

『百練抄《ひゃくれんしょう》』によれば、この三年後の保安《ほうあん》二年（一一二一）三月、諸道の学者が先例を勘申《かんじん》（調査報告）した「大宋牒」について大宰府返牒と贈り物を送ることを公卿が審議したとあり、『玉葉《ぎょくよう》』にも保安年中に菅原在良が起草して世尊寺流《せそんじりゅう》の能書家である藤原定《ふじわらのさだ》信《のぶ》が清書した返牒のあったことがみえる。永久六年から保安二年までの間に宋から外交文書が届いた記録はないから、この大宰府返牒こそ、徽宗の国書に対する返信であろう。「大宋牒」を国書とみることに抵抗があるかもしれないが、菅原在良が勘文において牒様式ではない承暦二年（一〇七八）の大宰府令藤原経平宛ての回賜文を「牒」と呼んでいるように、「牒」は文書様式を指す用法だけでなく書簡一般を意味する場合もある。宋皇帝の国書は無視できるものではなく、返牒と返礼の品が送られたとみるべきである。

この時期、宋は再三にわたって牒状を日本に送って軍需物資の硫黄の獲得を目指していた。また、さらには国書まで与えるという、以前にも増して積極的なはたらきかけを行って日本の朝貢を招諭《しょうゆ》しようとさえしている。そこには、来るべき契丹との戦争に備えた包囲網に日本も組み込もうとする意図もあったのかもしれない。しかし、日本は商人に託して大宰府から返牒と贈り物を送るのみで、宋が期待したであろうかつての遣唐使のような朝貢使節を派遣することはなかった。

日本の返信は天皇の文書か

ここで、対宋外交において日本が用いた外交文書の様式について少し考えてみたい。というのも、実は神宗朝の宋に送った文書の様式は日本の史料には明記されておらず、いまひとつはっきりしないからである。

十一世紀後半から十二世紀前半の日本と宋の交渉を整理すると次のようになる。そのうち、日本から返信したのは①～④の四回であった（和暦は返牒作成年）。

Ⅰ　一〇七三年　宋帝賜物・御筆文書（・孫吉に賜う奉国軍牒）
　①承保四年（一〇七七）黄紙返信（日本国大宰府牒）・答信物
　（大弐藤原経平の奉国軍宛て貢進物）
Ⅱａ一〇七八年　明州の回賜・日本国大宰府令藤原経平宛て回賜文
　ｂ一〇八〇年　牒書使黄逢の日本国宛て明州牒
　ｃ一〇八一年　王端の日本国宛て明州牒
　②永保二年（一〇八二）返牒・答信物
Ⅲ　一〇九七年　明州牒
　③永長二年（一〇九七）大宰府返牒〈交渉拒否〉
Ⅳ　一一一六年　明州牒
　日本国に牒せず、返牒なし

Ｖａ一一一八年　知明州軍州事書状
　公家《こうけ》（朝廷）に進めず、返牒なし
ｂ一一一八年　宋帝国書
④保安二年（一一二一）大宰府返牒・答信物

①の返信は中央政府で起草して「大宋国返信官符」（宋への返信を大宰府に命じる太政官符）とともに大宰府に下された文書で、黄紙に書かれていた。黄紙は防虫効果をもつ黄蘗《きはだ》で染めた黄色い紙であり、長年保存する経典の写経や中央に送る戸籍の料紙に用いたほか、詔勅《しょうちょく》や宣命《せんみょう》などの天皇の意志を表す文書にも用いられた。そのため、堀井佳代子氏はこの文書が天皇の書状であった可能性を指摘している（「文書からみた一〇世紀外交姿勢の位置」『日本史研究』六九〇、二〇二〇年）。

その理解が正しいとすれば、神宗の「御筆文書」（Ⅰ）に対して日本からは白河天皇の書状が出されたと考えることもできる。ただし、『宋史』日本国伝や『続資治通鑑長編《ぞくしじつがんちょうへん》』といった中国の史料によれば、実際に宋に届いた文書は「日本国大宰府牒」であった。この時、大宰大弐藤原経平が朝廷の与《あずか》り知らないところで独自の行動をしていたのは先述の通りであり、堀井氏は経平によって天皇の書状が大宰府牒にすり替えられたと想定する。なるほど、そのように考えれば天皇からの答信物は大宰府による貢進物へと姿を変えることなり、それに対する明州の回賜（Ⅱa）が「日本国大宰府令藤原経平」宛てだったことも理解しやすい。

文書様式の検討

しかし、本当にそのように理解してよいのか、一抹の不安が残る。これより後の哲宗朝・徽宗朝の文書（ⅢⅤ）に対する返牒③④はすべて大宰府牒である。何事につけても先例が重視される当時にあって、その先例となるはずの神宗朝の事例が、本来は天皇の書状だったというのは本当だろうか。特に返牒④は皇帝徽宗の国書（Ⅴb）に対する返信であり、その先例となりうる事例は返信①以外にない。諸道の勘申に基づいて返信した保安の返牒④が大宰府牒だったことは重要である。

また、その皇帝徽宗の国書（Ⅴb）の様式が先例に叶うか否か調査した菅原在良は隋唐《ずいとう》以来の中国王朝からの外交文書の例として以下のものを挙げている。

(a) 推古《すいこ》天皇《てんのう》十六年（六〇八）　隋「皇帝問《とう》倭皇」（慰労詔書《いろうしょうしょ》）
(b) 天智《てんじ》天皇《てんのう》十年（六七一）　唐「大唐帝　敬　問《つつしんでとう》日本国天皇」（慰労詔書）
(c) 天武《てんむ》天皇《てんのう》元年（六七二）　唐「大唐皇帝敬問倭王」（慰労詔書）
(d) 〔養老二年（七一八）〕　唐「皇帝敬致　書《しょをいたす》於日本国王」（皇帝致書《ちしょ》）
(e) 承暦二年（一〇七八）　宋「(回) 賜日本国大宰府令藤原経平」（回賜文）
(f) 元豊三年（宋年号一〇八〇）　宋「大宋国明州牒日本国」（明州牒）

ここでは、孫忠・黄逢がもたらした文書の事例(e)(f)（Ⅱａｂ）を挙げながら、直近の最も似通った事例のはずの成尋の弟子に付与された「御筆文書」（Ⅰ）を挙げていない。「御筆文書」は日本の史料には姿をみせないから、何らかの理由で朝廷まで届かなかった可能性が高い。だとすれば、その返信①に天皇の書状が出される可能性はかなり低いと言わざるをえない。

哲宗朝の明州牒（Ⅲ）は体裁が神宗朝の事例（Ⅱｂｃ）と異なっていたために永長二年（一〇九七）に受領を拒否する大宰府牒③が出された。その返牒は中央で作成されながらも「勅宣《ちょくせん》であることを記載しなかった。大宰府が私《わたくし》に出した牒とするためである」「太政官奉勅《ほうちょく》の文言を記載せずに（返牒の主体を）大宰府として牒を送らせた」という体裁のものであった。「勅宣」「太政官奉勅」とは、太政官の上卿《しょうけい》たる大臣または大納言・中納言が天皇の勅をうけたまわって天皇の仰せを宣することを言う。ここでは、大宰府牒の文面にその文言を記載しないことによって中央政府の指示による返牒ではなく大宰府の意志による返牒とする体裁をとり、受領拒否の姿勢を示したということである。ならば逆に、中央政府の意志で受領する場合には「左大臣宣す。勅を奉《うけたまわ》るに、（天皇の仰せの内容）てえり《（と言えり）》」といった文言を折り込むことによって勅命たることを示した大宰府牒を出すことになるだろう。永長二年の返牒③がこのような先例を踏まえているとすれば、それ以前に朝廷（天皇）に対する贈り物や牒状を受領して返牒した事例は①と②の神宗朝のものしか存在しないから、やはりその二事例も大宰府牒による返信だったと考えるべきではないだろうか。奉勅文言を記した外交文書としては、九世紀の渤海《ぼっかい》に送った慰労詔書に添えられた太政官牒や、後世、モンゴルに返牒するために作成された太政官牒の例がある。その一方で、渤海使を受け入れずに帰国を命じる場合に出された太政官牒には奉勅文言がないことも参考になるだろう。

Ⅱの明州の回賜文ａに対する返牒②は、審議の過程で源経信が大宰府から返牒することを想定した発言をしているように、やはり大宰府から返牒した可能性が高い。返信①も同様にもともと大宰府牒であったとすれば、それに黄紙が用いられたのは、天皇の意志を奉じていることを明示する目的があったほか、外交文書として殊更に立派な文書に仕立てるためと考えることもできよう。

返信①とともに送られた答信物に対する回賜の使者となった孫忠の帰国を督促する明州牒（Ⅱｂｃ）が「大宰府」宛てではなく「日本国」宛てだったことは、明州が相手を大宰府ではなく日本の朝廷だと認識していた証左である。

ただし、その明州牒を「大宰府」宛てとする史料もある。南北朝時代の『異国牒状《いこくちょうじょう》記《き》』には「承暦四年九月、大宋国明州牒状が越前国敦賀津に着いた。その牒状に言うには、

『大宋国明州牒日本国大宰府』と書いてある。諸道の学者に命じて調べさせたところ、牒状の体裁は先例に叶わない。みだりに『聖旨《せいし》』と称しているのは蕃礼《ばんれい》に背くものであり、京都に通達することはできないとして、大宰府の返牒を遣わした」とあり、黄逢が敦賀津から献じた明州牒（Ⅱb）は大宰府宛てであったとする。しかし、後半の文章は明らかに同時並行で審議されていた大宰府宛ての高麗牒（後述）に関するものであり、その情報が混入したために生じた誤りである。この時の明州牒（Ⅱb）は菅原在良が挙げた事例(f)の通り「日本国」宛てとするのが正しい。

明州にとって大宰府牒を送ってきた主体は「日本国」であり、決して大宰府の長官が独自に行った行為とは認識していなかった。したがって、宋に届けられた「日本国大宰府牒」とは、天皇の勅を奉じる体裁をとった正式なものだったと考えるべきである。いかに経平が独自の行動をとったとはいえ、自らが側近として仕えた白河天皇の書状を隠蔽・改竄するという大それた不正行為まで疑うべきではない。そのような行為があったとすれば調査の過程で必ずや事が露見して大問題となっただろうが、そのような形跡は皆無である。

大宰府牒に添えて送られた答信物は朝廷が授けた六丈織絹（宋は「絁」と認識）と水銀であって、経平が個人的に献じた財物はそれとはまた別の弓・胡籙・刀などを含む品々であった。経平は答信物の絹・水銀を自己の貢進物として宋に送ったわけではない。その答信物に対する明州の回賜文が大弐経平宛てだったのは、答信物に付された文書が大宰府名義だったために、その長官に返礼する体裁をとったにすぎないであろう。その後の明州からの牒状にその長官を差出とするものがあることも念頭に置けば、宋の朝廷ではなく明州を回賜の主体とする略式の体裁がとられたために、明州の長官から大宰府の長官への回賜とする形式が採用されたと推測される。

以上のことから、宋の賜物・牒状に対する日本の返牒はすべて大宰府牒によって行われたとみなすことができる。そうだとすれば、そこにはいかなる意図が込められているのだろうか。

日本は黄逢・王端が持参した牒状（Ⅱbc）に基づいて、明州牒の書式は「日本国」宛てであるべきだと認識するようになった。それでも返牒を大宰府から出したのは、宋の明州に対応する日本の官司は大宰府であるという理解によるものであろう。このように相互に対等な関係で遣り取りすることを「敵礼《てきれい》」という（この「敵」は匹敵、対等の意味であり、紛争相手の意味ではない）。

ただし、皇帝の国書（Ⅴb）に対しても大宰府から返牒するというのは、たとえ天皇の意志を奉じた文書であったとしても意味深長なものがある。中華皇帝の恩沢《おんたく》はありがたく受け取るが、あくまで官司を通じて返事することによって、天皇自身は皇帝とのあいだで親書を取り交わす礼的秩序のもとには参入しないということである。ここには、贈り物を受領して返信しつつも、あくまで国際政治の場からは離脱した当時の外交姿勢が貫徹している。

宋は契丹や西夏との政治的・軍事的な関係を念頭に置きながら日本にもアプローチしてきた。しかし、そのような国際動向は日本にとっては全く無縁なことにすぎなかった。

王朝貴族の自己意識と対外観

高麗医師派遣要請問題

高麗からの医師派遣の要請

宋《そう》商人孫忠《そんちゅう》と通事《つうじ》僧仲廻《そうちゅうかい》がもたらした宋の回賜《かいし》について議論が本格化した承暦四年（一〇八〇）には、高麗《こうらい》から届いた牒状《ちょうじょう》の審議が同時並行で進められていた。その牒状は平安時代の各種文書の文例集である『朝野群載《ちょうやぐんさい》』に収録されている。近藤剛《こんどうつよし》氏の校訂（「「大日本国大宰府宛高麗国礼賓省牒状」にみえる高麗の対日本認識」『日本高麗関係史』八木書店、二〇一九年）に依拠して、それを現代語訳して示すと、次のようなものであった。

高麗国礼賓省《れいひんしょう》牒　大日本国大宰府《だざいふ》

当省（礼賓省）が伏して（高麗国王の）聖旨《せいし》を奉《うけたまわ》りますに、「訪ね聞くところでは、貴国（日本）にはよく風疾《ふうしつ》を治療する医人がいるという。今、商客の王則貞《おうのりさだ》が帰国するのにあわせて（国王が礼賓省に）仰《おお》す。『その便によって牒を通じ、また王則貞に風疾を患った事情を説明して、日本から上等の医人を選んで来年早春に派遣してもらい風疾を治療するよう要請せよ。もし治療の効果があれば、きっと少なからず報酬する』と。今、まずは花錦と大綾・中綾おのおの十段《たん》、麝香《じゃこう》十臍《へそ》を送り、王則貞に付与して大宰府の官員のところに持って行かせ、あらかじめ信義に充てる。到着すれば領収せよ。」牒す内容は以上です。当省が奉る聖旨は詳しく記すこと前にある通りです。貴府（大宰府）におかれましては、もし風疾をすぐに治療できる好ましい医人がいましたら、派遣することをお許しくださいますようお願いします。そういうわけで絹織物と麝香を領収してください。謹んで牒します。

己未《きび》年（一〇七九）十一月　日牒

少卿林《しょうけいりん》（原文ママ）既木

卿崔《さい》

卿鄭《てい》（原文ママ）生

高麗は大宰府に宛てて国王文宗《ぶんそう》の病気を治療するために医師の派遣を要請してきたので

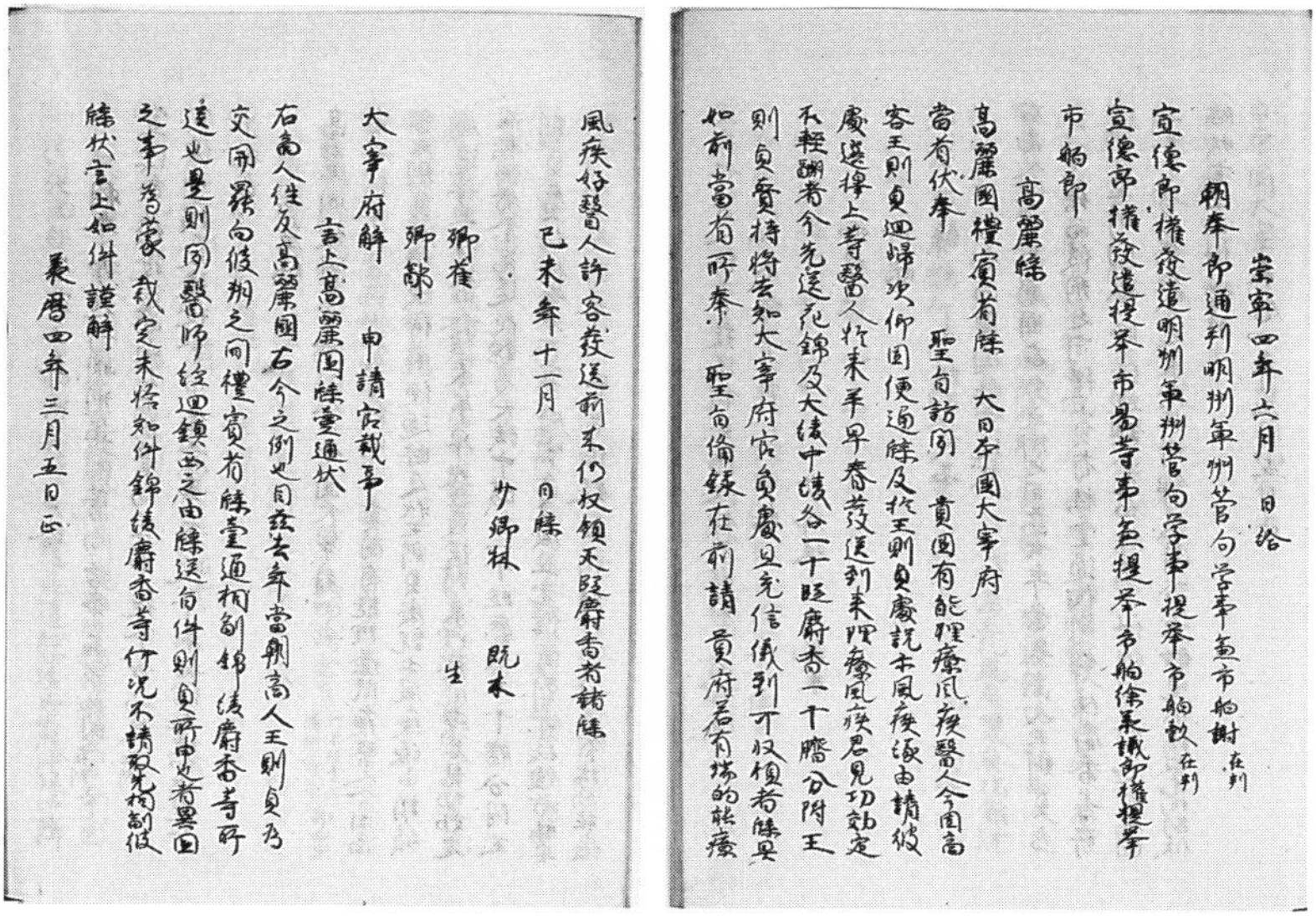
熙寧四年六月　日給
朝奉郎通判明州軍州管句学事兼市舶謝　在判
宣徳郎権発遣明州軍州管句学事提挙市舶戴　在判
宣徳郎権発遣提挙市易等事兼提挙市舶徐兼議郎権提挙
市舶郎
高麗牒
高麗国礼賓省牒　大日本国大宰府
当省伏奉　聖旨訪問　貴国有能理療風疾医人今因商
客王則貞迴帰故郷仰因便通牒及於王則貞処説示風疾縁由請彼
処選択上等医人於来年早春発遣到来理療風疾若見功効定
不軽酬者今先送花錦及大綾中綾各一十段麝香一十臍分附王
則貞賚持将去知大宰府官員処且充信儀到可収領者謹具
如前当省所奉　聖旨備録在前請　貴府若有端的能療
風疾好医人許容発送前来仍収領支疋麝香者謹牒
己未年十一月　日牒
少卿林　既本
卿崔　生
卿鄭
大宰府解　申請官裁事
言上高麗国牒壹通状
右商人往反高麗国古今之例也因茲去年当朝商人王則貞為
交関罷向彼朝之間礼賓省牒壹通相副錦綾麝香等所
送也是則因医師経廻鎮西之由牒送向件則貞所申也者異国
之事為蒙裁定未搭知件錦綾麝香等何況不請取先相副彼
牒状言上如件謹解
承暦四年三月五日正

図25　『朝野群載』巻20・異国・大日本国大宰府宛て高麗礼賓省牒と大宰府解（三条西家本，国文学研究資料館所蔵）

ある。文宗の患っていた風疾（風《ふう》痺《ひ》ともいう）とは、四肢・関節の痺れや痛み、運動障害や脳卒中にともなう半身不随（中風《ちゅうふう》）などの症状を指す。文宗の病状は重く、一〇七八年に宋から派遣されてきた使者と面会するのに自立歩行できず臣下の介助が必要なほどであった。そのため文宗はその宋の使者に対して医師の派遣と薬材の提供を求めている。翌一〇七九年七月、この要請に応えて宋からは一〇〇種に及ぶ薬とともに翰林医官《かんりんいかん》邢慥《けいそう》らが派遣されて治療に当たった。これに加えて高麗は同年十一月に日本にも医師の派遣を求める牒状を送ったのである。

日本人商人の高麗渡航

この牒状をもたらしたのは王則貞という日本の商人であった。この王氏は九世紀末以降に帰化した中国系の氏族（貿易商人の末裔）とする意見もあるが（門田見啓子《かどたみけいこ》「大宰府の府老《ふろう》について（上）」『九州史学』八四号、一九八五年）、むしろ古くに渡来した高句麗《こうくり》系の氏族が改姓せずにそのまま本来の姓を名乗り続けたものであろう（佐伯有清《さえきありきよ》『新撰姓氏録《しんせんしょうじろく》の研究　考証篇　第五』吉川弘文館、一九八三年）。延久元年（一〇六九）七月の日付をもつ筑前観世音寺《ちくぜんかんぜおんじ》十一面観音立像《じゅういちめんかんのんりゅうぞう》の胎内墨書銘《たいないぼくしょめい》には大宰府の四等官《しとうかん》（権帥《ごんのそち》・大弐《だいに》、少弐《しょうに》、監《げん》、典《てん》）より下級の雑任《ぞうにん》の役職である府老の地位にいた王則宗《おうののりむね》のほか、王愛子《おうのあいこ》、王蔵丸《おうのくらまる》、王是奉《おうのこれとも》の名がみえ、また、同年に観世音寺領の検田に図師《ずし》として臨んだ筑前国嘉麻郡《ちくぜんのくにかまぐん》（福岡県嘉麻市《かまし》）の郡司《ぐんじ》で判官代《はんがんだい》の肩書きをあわせもつ王則季《おうののりすえ》もみえるように、この頃には大宰府や筑前の国郡の機構に食い込むまでになった在地の有勢者の王氏がいた。王則貞は王則宗・王則季との名前の共通性から「則」を通字《とおりじ》とする同族の近縁者と考えられている。

『高麗史《こうらいし》』によれば、以前から対馬の官人による漂流民や犯罪人の送還が行われていたことが確認でき、その裏では交易目的で日本から高麗に渡航する者が多くいたらしい。特にこの頃になると日本人の商人や壱岐《いき》・対馬《つしま》の官人が盛んに高麗を訪れて日本の物産を献上することがみられるようになり、その動きは一〇七〇年代から八〇年代にかけての文宗朝後半とそれに続く宣宗《せんそう》朝の時期に活発化した。文宗朝の一〇七三年七月には王則貞と松永年《まつのながとし》（肥前《ひぜん》の松津国造《まつこくぞう》の後裔か）ら四二人が螺鈿細工《らでんざいく》の美術工芸品や水銀などを献じ、また壱岐島官人が派遣した藤井安国《ふじいのやすくに》ら三三人も物産を東宮《とうぐう》や諸官司に献じて、ともに入京を許されている。同年十一月に行われた八関会《はっかんえ》という高麗の国家儀礼には宋人や黒水《こくすい》（アムール川流域）・耽羅《たんら》（済州島《チエジユド》）の人々と並んで日本人も参列して礼物《れいもつ》を献じたというから、王則貞・松永年や藤井安国らは上京してこの儀礼に参列することを許されたのであろう。

奥村周司氏によれば、本来の八関会は仏教的儀礼であったが、中国的礼制の導入を推進した成宗《せいそう》によって九八七年にいったん廃止された。しかし、穆宗《ぼくそう》が弑殺《しいさつ》されて顕宗《けんそう》が即位したことで契丹《きったん》の第二次侵攻を招いた一〇〇九年には契丹の侵略に抵抗する国力の結集が求められ、そうしたなかで民族固有の祭祀として八関会が再興された。それは、国王が太《たい》祖王建《そおうけん》の真影を拝し、天霊および五嶽・名山・大川・龍神を祀《まつ》る祭祀儀礼であったという。この儀礼に宋商人や女真《じょしん》・黒水・耽羅および日本などの異国人を参列させて朝賀《ちょうが》（天子に拝謁して賀を奉ること）させたことは、高麗国王の徳化《とっか》が異国の朝貢分子にも及ぶという高麗の自立的な徳治主義的政治理念を表すとされる。また、高麗に朝貢する異国人に対しては、その貢物に倍する回賜《かいし》が与えられるのが通例であり、それは一種の入貢貿易《にゅうこうぼうえき》であったと指摘されている（「高麗における八関会的秩序と国際環境」『朝鮮史研究会論文集』一六、一九七九年）。王則貞ら日本の商人たちも、その利益にあずかろうとして高麗にさかんに入貢していたのである。王則貞に託された高麗牒状の差出である礼賓省は賓客の饗宴を掌《つかさど》る中央官司であり、入貢した異国人の接遇を担当する部局であった。

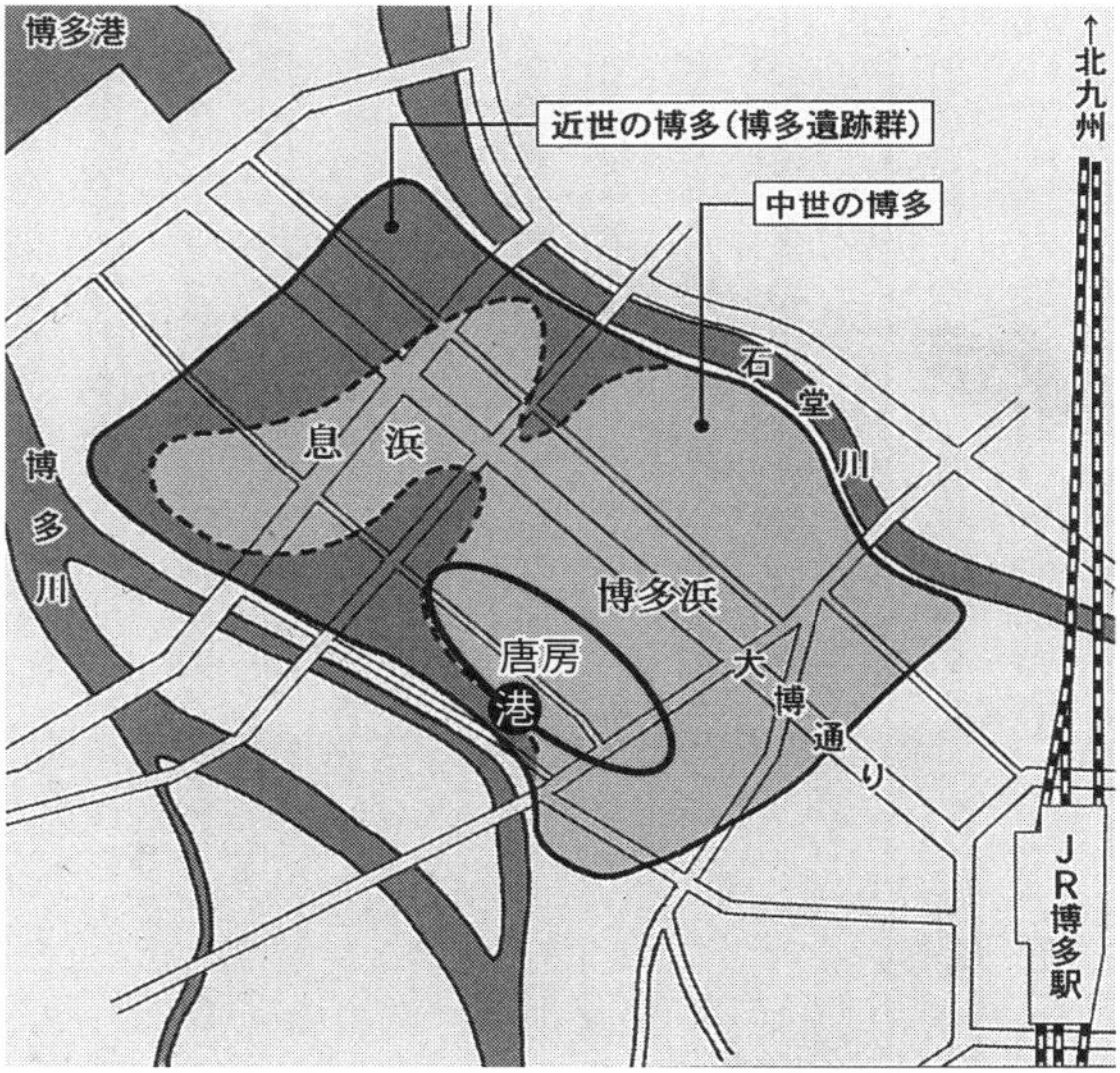

図26　博多の宋人居留地「唐房」（大庭康時『中世日本最大の貿易都市　博多遺跡群』新泉社，2009年より，一部加筆）

　これより少し前の治暦二年（一〇六六）、香薬に明るい王満《おうまん》という宋の貿易商人が日本に来航して朝廷に種々の霊薬を献上するということがあった。これが宮廷医の惟宗俊通《これむねのとしみち》の関心を呼び、俊通は貿易港博多津《はかたつ》（福岡県）の宋人居留地「唐房《とうぼう》」に滞在していた王満と交渉して『開宝重定本草《かいほうじゅうていほんぞう》』という日本未伝の宋代医学書を新たに輸入したらしい。侍医《じい》で権《ごんの》医《い》博士《はかせ》まで昇った俊通本人が九州まで下向したとは考えにくいが、子弟などを王満のもとに派遣して宋代医学の知識を摂取しようとしたのであろう。この交渉のために都と九州を行き来する医師の存在を知っていた王則貞は、高麗国王の歩行もままならない様子を見て、「鎮西《ちんぜい》（九州）に良い医師がおります」と売り込み、今回の医師派遣要請へとつながったようである。

高麗国礼賓省牒の様式

この事件については、送られてきた牒状の様式をめぐって様々な議論がある。特に、そのなかに「聖旨」という天子の意志を表す文言が使用されていることから、このとき高麗は自国を中心とする秩序のもとに日本を包摂し、日本より上位の立場から牒状を送ったとする意見がある。しかし一方で、両国の関係を対等、または日本が上位とする説もあり、研究者によって意見が分かれている。

近年の注目すべき研究に、牒状の署名のあり方から高麗の対日姿勢を読み取ろうと試みた近藤剛氏の研究がある（「「大日本国大宰府宛高麗国礼賓省牒状」にみえる高麗の対日本意識」前掲）。

近藤氏は、高麗の公文書の様式において、差出と宛先との関係性の違いによって日付のあとに記される官職・姓・名のうち本人が自筆する範囲に違いがあることに着目して、上記の高麗国礼賓省牒の署名を分析した。その結果、礼賓省の卿（長官）は「卿崔」「卿鄭」とあって官職と姓のみしか記さず名を記載しないため、これを姓のみ自筆したものとみて、上位から下位に対する署名とした。一方、少卿については「既木」が名前の「槩《がい》」（概）を変形させて記した「着名《ちゃくめい》」という自筆署名の可能性が高いことから、「少卿林槩」または「林槩」を自筆とする下位から上位に対する署名とする。この場合、宛先の大宰府に対して礼賓省の卿は自らを上位に、少卿は下位に位置づけていることになる。そのため、この牒状において高麗は日本より上位とする自尊的立場をとりつつ、医師派遣を要請する目的から大宰府に敬意を表して少卿をそれより下位に位置づけたと解釈した。

高麗の文書様式に則した考察は大変興味深く、教えられることが多い。ただし、この考察が成立するためには、『朝野群載』が忠実に文書の形態を伝えているという前提がなければならない。

例えば、宋代明州の地誌『開慶《かいけい》四明続志《しめいぞくし》』巻八・収剌麗国送還人に所収された一二五九年の「大宋国慶元《けいげん》府《ふ》」宛て高麗国礼賓省牒と比較してみると、この文書は八名の署名があり、そのうち卿・少卿はそれぞれ「卿《けい》朝《ちょう》議《ぎ》大《たい》夫《ふ》任柱《にんちゅう》」「試《し》少卿《しょうけい》入内《じゅない》侍《し》文林郎《ぶんりんろう》李《り》軾《しょく》」とある。これを『朝野群載』が記す署名と見比べれば、一見して後者の「卿崔」「卿鄭」「少卿林槩」という簡略な署名には大幅な省略のあることが推察できよう。

また、『朝野群載』にはこの高麗国礼賓省牒につづけて、それを中央に送達した大宰府の解《げ》（上中文書《じょうしんもんじょ》）と、日本からの返牒もあわせて収録されているが、大宰府解については、署名があるべき日付の後ろの部分には「正」の一文字しかない（図二五参照）。これは文書を起草した大宰府官人の署名の最初の一文字で、「正六位上」などの位階の冒頭と考えられる。収録に当たって、この一文字以外の署名のすべてが省略されているわけである。返牒も、高麗国礼賓省牒の本文を引用した箇所は重複するため大部分が省略されており、一部に脱文もある。小峯和明氏はこれを、推敲して修正を加える前の未完成の文案とされたが（「高麗返牒―述作と自賛―」『院政期文学論』笠間書院、二〇〇六年）、『水左記』によって知られる推敲途上で加筆された字句の範囲と『朝野群載』の欠落部分にはズレがあるため、むしろ『朝野群載』収録時の脱文ないし省略を想定した方がよい。このように、『朝野群載』は必ずしも文書の書式や内容を忠実に写し取ったものではない。

『朝野群載』に載せる高麗国礼賓省牒には「少卿林　既木」の左に意味不明な「生」の一字があるが、官職の記載に大幅な省略があるとすれば、上段の「卿崔」に続く署名の一部を『朝野群載』の編者がそれと認識できずに（「既木」も含めて）意味の分からない文字として写し取ったものかもしれない。そうだとすれば、卿の署名にも姓のみではなく名が自署されていた可能性も考えられる。色々な可能性がありえるが、結局、省略のある署名から、そこに込められた意図を正しく読み取るのは困難というほかない。

これとは別に、篠崎敦史氏は文書の冒頭と文末の表現に着目する。牒は下達・並行・上申でそれぞれ次のような異なる書式が用いられる。

下達……冒頭「〈差出〉牒　〈宛先〉」　文末「故《ことさらに》牒」

並行……冒頭「〈差出〉牒　〈宛先〉」　文末「謹牒」

上申……冒頭「〈差出〉牒上〈宛先〉」　文末「謹牒」

これに照らせば、高麗国礼賓省牒は並行文書に該当し、高麗の礼賓省は日本の大宰府を対等と認識していることになる（「高麗王文宗の「医師要請事件」と日本」『ヒストリア』二四八号、二〇一五年）。

ここでもう一つ注目したいのは、宛先の「大日本国大宰府」という表現である。高麗（および前代の新羅《しらぎ》・渤海《ぼっかい》）が「日本国」に「大」を付けて呼ぶことはこれまでになかったことであり、それだけ日本を高く位置づける姿勢がうかがえる。それが、はたして高麗国王の秩序の下に日本を包摂しようとする態度であろうか。

「聖旨」の文言は確かに天子を僭称《せんしょう》するものと言える。しかし、森平雅彦氏は韓国の盧《ノ》明鎬《ミョンホ》氏の説を紹介して、十三世紀の高麗の文人官僚李《り》承休《しょうきゅう》の歴史叙事詩『帝王韻紀《ていおういんき》』では高麗の天下は中国の天下とは区別される別個のものとされており、金の詔書《しょうしょ》が金と高麗の君主をともに「皇帝」とするなど、高麗の世界観には複数の天下が並存する「多元的天下観」が存在したとする（「朝鮮中世の国家姿勢と対外関係」森平ほか編『東アジア世界の交流と変容』九州大学出版会、二〇一一年）。ならば、たとえ高麗国王が天子を僭称したとしても、その秩序は日本にまで及ぶ一元的なものではなく、日本の天皇と並び立つことが許容されると認識していた可能性が高い。礼賓省と大宰府を対等として、それぞれその上位に高麗国王と「大日本国」の天皇が位置するのであり、「聖旨」の使用に自らを日本より上位に位置づけようとする意図はなく、高麗は自立した国家としての対等な立場から牒状を送ったと考えるのが妥当であろう。

八関会に集《つど》う異国人も、あくまで個別に入貢した「分子」であって、それぞれが帰属する国家を背負った存在ではなかった。その朝賀を受けることで高麗国王の徳化が周辺地域に及んでいる様が示されるとはいえ、それが国家相互の関係性にまで及ぶものではなかったことは、宋商人の朝賀をもって宋王朝を高麗の下に位置づけることにはならないことからも理解できるだろう。

高麗をとりまく国際状況

この頃の高麗が置かれた状況を確認してみよう。

高麗は、刀伊《とい》の入寇《にゅうこう》の引き金となった契丹《きったん》の第三次侵攻を受け、一〇二〇年に国王顕宗《けんそう》が契丹に臣従する意を表し、一〇二二年に契丹から冊封を受けた。そのため高麗から宋への遣使はなくなるが、一〇三〇年に久しぶりに宋に朝貢している。その翌一〇三一年に高麗では顕宗が薨《こう》じて徳宗《とくそう》が立ち、契丹でも聖宗《せいそう》が崩《ほう》じて興宗《こうそう》が帝位に即《つ》いた。高麗は葬礼への参列と即位祝賀のための使者を契丹に送るとともに、上表して契丹が高麗侵攻時に鴨緑江渡河《おうりよくこう》のために築いた橋の撤去と連行された高麗人の返還を願い出ている。前年の宋への遣使も、この交渉を睨んで契丹との関係が悪化した場合に備えたものであろう。しかし、この交渉は不調に終わり、高麗は契丹との国交を断って、以後は興宗朝の年号「重熙《じゅうき》」を使わず先帝聖宗の「太平《たいへい》」を使い続けた。その徳宗が一〇三四年に薨じて靖宗《せいそう》の代になると、契丹の強いはたらきかけを受けて、一〇三七年末に再び契丹に帰服する意志を伝え、翌年から「重熙」の年号を使い始めたのであった。こうして高麗は再び契丹に服従し、宋とは一〇三〇年の遣使を最後に約四〇年にわたって断交することとなった。

靖宗の跡を継いだ文宗の代になっても高麗は契丹（遼《りょう》）に臣従して長く宋とは国交がなかったが、一〇六八年に福建転運使《ふっけんてんうんし》の羅拯《らじょう》が商人黄慎《こうしん》を派遣して宋帝神宗《しんそう》の朝貢をうながす密旨《みっし》を伝えたことで交渉が再開する。高麗は翌年、礼賓省から移牒《いちょう》して、宋の応答を待って朝貢すると回答した。これを受けて宋は再び黄慎を高麗に送り、一〇七〇年に高麗の遣使が実現した。新法党の王安石《おうあんせき》の治政下にあった宋にとって、高麗と結ぶことは西夏《せいか》に対する軍事行動の遂行に当たり、その友好国の契丹にも備えることを意味していた。

宋との通交が再開した高麗は、契丹に知られることを恐れて登州《とうしゅう》（山東省《さんとうしょう》）からの入国を改めて明州《めいしゅう》（浙江省寧波市《せっこうしょうねいはし》）から朝貢することを望み、あわせて宋に最新の医学や美術工芸の技術の提供を求めた。それと前後して一〇七二年、七四年には宋から医官が派遣されている。一〇七九年に文宗の風疾を治療するために翰林医官の邢慥が宋から派遣されたのもそうした交流の一環であり、一〇八〇年にも医官馬世安《ばせいあん》が派遣された。そして、宋はそれまで契丹との通謀を恐れて禁じながら実効性の乏しかった商人の高麗渡航を一〇七九年に正式に解禁し、明州市舶司《しはくし》に管理させることとした。

高麗の八関会に宋商人などの異国人が参列したことが『高麗史』に記録されているのは、靖宗の即位年（一〇三四）と靖宗二年（一〇三六）、文宗二十七年（一〇七三）、粛宗《しゅくそう》五年（一一〇〇）と同六年の五回である。その年の高麗はいずれも契丹からの自立を志向した時期に当たっている。靖宗初年は前代の徳宗から続く契丹皇帝興宗への服従を拒否していた時期であり、粛宗も契丹から冊封を受けながら宋に王位の継承を告げる使者を派遣して一時的に宋の年号を使用した。そして、文宗もまた、日本に送った礼賓省の牒に契丹年号を使用せず干支《えと》の「己未」を記しているように、宋との国交回復を恃《たの》みに契丹からの自立を図っていた。一〇七〇年代から日本商人の入貢記事が『高麗史』に連年記録されるようになるのも偶然ではなく、自立を図る高麗が王権の権威高揚のために積極的に入貢を受け入れたためであろう。

ただし、契丹からの自立は高麗の独力で成し得ることではなく宋の助けを必要とし、このときも医師の受け入れなどの交流によって関係を深めていた。そのことを念頭に置けば、宋と同様に日本にも医師の派遣を要請した高麗の意図は、国王文宗の病状が思わしくないという切実な事情もあっただろうが、やはり契丹に対抗するために宋だけでなく日本とも関係を構築することが可能かどうか見定め、可能なら交流の足がかりを得ようとする思惑があったと考えることができよう。それが、ことさらに「大日本国」と日本を持ち上げる姿勢となって表れているのである。したがって、やはり「聖旨」の文言は高麗の自立しようとする意志を表現したものではあっても、日本の上に立とうとする意図によるものではないと理解せざるをえない。

日本の返牒と対外観

日本の対応

医師派遣を要請する高麗国礼賓省牒に対して、日本はどのような反応を示したか、当時の貴族の日記を中心に確認しよう。この案件についても、同時進行で進められていた宋の回賜に対する審議と同様に当初は権大納言藤原能長《ごんだいなごんふじわらのよしなが》が上卿《しょうけい》(責任担当者)を務めたが、承暦四年(一〇八〇)八月からは大納言《だいなごん》源俊房《みなもとのとしふさ》に交替した。そのため、俊房の日記『水左記《すいさき》』にはこの案件の処理過程が逐一記録されている。また、源経信《みなもとのつねのぶ》も日記『帥記《そちき》』に議論の内容を詳しく書きとどめており、個々の公卿の意見を具体的に知ることができる。

それによれば、第一報が中央に届いたのは承暦四年二月十六日であった。この日、太《だい》政官《じょうかん》の事務官である右中弁《うちゅうべん》の藤原通俊《ふじわらのみちとし》が源俊房のもとを訪れて、「高麗国皇帝が牒を献

じた」ことにつき「都督《ととく》」（大宰府長官）から連絡があり、今日明日にも大宰府解ととも
に進上されることを伝えた。この時の大宰府の長官は正月に藤原経平《ふじわらのつねひら》から藤原資仲《ふじわらのすけなか》に交
替していたから、在京する資仲のもとに大宰府から上申文書の解とともに高麗の牒が届い
たのであろう。ここで、高麗国礼賓省牒を高麗国の「皇帝」が献じたものと認識している
のは興味深い。八関会で皇帝然とした高麗国王の恩沢に浴して牒をもたらした王則貞がそ
のように説明したのであろう。

また、大宰府解は二月五日付けで「商人が高麗国と行き来するのは古今の例です。去年、
日本の商人である王則貞が交易のために高麗に赴いたところ、礼賓省牒に錦・綾と麝香と
を添えて送ってきました。これは、医師が鎮西に滞在していることを聞いて牒送したもの
であると王則貞が申しております」と簡潔に事情を説明して中央の裁定を求めている。

この問題の対応に関しては、太政官の秘書官である外記《げき》に先例の調査が命じられ、その
勘申《かんじん》（調査報告）に基づいて陣定《じんのさだめ》で審議されることとなった。外記は先例として「允《いん》
恭天皇《ぎょうてんのう》三年の例」を報告している。これは遥か昔、允恭天皇が病気治療のために新羅に
良医の派遣を求めたとする『日本書紀《にほんしょき》』に記載された五世紀頃の事例であり、新羅の医師
の治療によって回復した天皇はこれを喜んで厚く褒賞して帰国させたという。このような
史実かどうかも不確かで伝説的な事例を持ち出さなければならないほど、今回のことは類

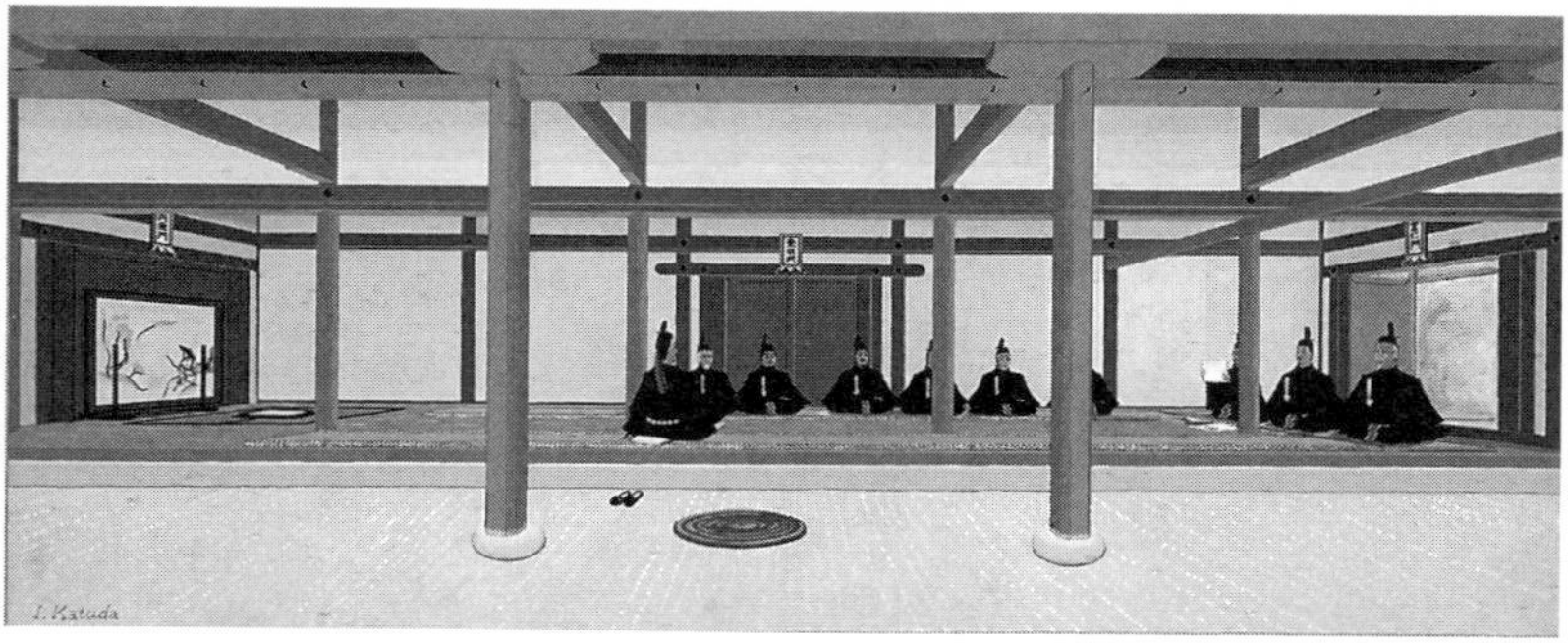

図27　陣定の復元想像図（京都大学総合博物館所蔵，勝田至氏制作）

例のないことであった。

公卿の議論

その最初の審議は四月十九日に行われた。上卿の藤原能長は外記が勘申した允恭天皇の例を念頭に、「このようなことは近くになく医師の派遣は躊躇されるが、彼国（新羅、ひいては高麗）は我が朝に対して（医師を派遣して）忠節の態度をとった。もし派遣しなければ義がないかのようだ。まず王則貞を召し問い、彼の説明に基づいて決定すべきだが、距離が遠くて行き来に時間を要する。医師を選んで派遣するのに何の問題があるだろうか」と医師の派遣に前向きであった。

これに対して源俊房は、王則貞が高麗に説いた情報に基づいて医師派遣の要請が行われたことに不審の目を向け、王則貞を尋問したうえで対応を決定すべきだと主張した。他の公卿も同様に牒状の事情が不分明であるとして、まずは王則貞に問いただしてから医師を派遣しようと言う。あるいはまた、医師の派遣については簡単に決められないので諸道の学者に勘申させて検討するよう提案する公卿もいた。

結局、王則貞を都に召喚して太政官の事務職員に尋問させることとなり、継続審議となった。

八月、王則貞の尋問が終わると、その調書に基づいて審議するよう源俊房に命が下り、彼が上卿となって閏《うるう》八月から審議が再開された。

閏八月五日の陣定では、医師を派遣するべきだという意見が大勢を占め、その席上で派遣に反対したのは参議《さんぎ》源《みなもとのとしあき》俊明一人だけだった。特に上卿の源俊房は候補者として具体的に次の人物の名前を挙げている。

この時代の宮廷医は、医道を家業として医博士《いはかせ》や典薬頭《てんやくのかみ》などの上級職を独占した丹波《たんば》氏が、その門弟を医道の下級職に就任させる体制がとられるようになっていた。そのうち、丹波氏の当主で医道の宗匠《そうしょう》たる丹波雅忠《たんばのまさただ》を遠く異郷の地に派遣するのは問題があるため、その養子となって博士職を継いでいた丹波忠康《たんばのただやす》と、医道の宿老たる惟宗俊通のどちらかを派遣することが提案された。惟宗氏は丹波氏の門弟の家柄であったが、俊通はそのなかでも異例の昇進を遂げて権医博士に昇った傑出した人物であった。

この日の審議に加わっていた源経信も医師の派遣を容認する立場であったが、その理由は興味深い。彼は言う。「そもそも、高麗は日本に対して歴代のあいだ久しく『盟約』を結んできた。中古以来、朝貢は絶えているが、侵略しようという意志はないだろう。そのため、牒送すべきことがあれば高麗から牒を申し、日本もこれに返報してきたのである。今この時に当たり、病気の治療のために医師を申請してきたのであれば、裁許すべきであろう」と。

ここに言う「盟約」とは、かつて後百済《ごくだら》の甄萱《けんけん》が上表して述べた「一千年の盟約」と同じく、神功皇后《じんぐうこうごう》と朝鮮三国のあいだに結ばれた古《いにしえ》の服属関係を指すだろう。ただし、ここでは刀伊の入寇の際にみられたような三韓征伐を逆恨みする「敵国」といった意識は表れず、朝貢の関係自体は失われていても相互に連絡しあう好意的な間柄として認識されている。それは、先の審議で藤原能長が新羅の「忠節」を述べたことにも相通じる。この時の審議では公卿のあいだに高麗に対する敵愾心《てきがいしん》はみられない。

ただ、太政官が王則貞を尋問するに当たって、大宰府に良医がいると彼が高麗に語ったという、事の発端についての疑義が問いただされていなかったことから、再度、王則貞を尋問することとなり、審議は再び持ち越された。

王則貞を再尋問したうえで陣定が開かれたのは閏八月十四日のことであった。

今回の審議でも、医師の派遣に賛成したのは参加公卿一一人中七人で多数意見であった。

派遣する医師の候補には前回と同様に丹波忠康と惟宗俊通の名が挙がり、そのうえで丹波雅忠の意見も聞いて誰を派遣するか決定すべきだとされた。ただし、王則貞は当初、鎮西にいる医師の情報を高麗に伝えたとしていたが、太政官の尋問に対しては皇城（平安京）に医師がいると高麗に語ったと供述して発言が一定しなかった。そのため彼は信用しがたいとして、医師を連れて行く使者には彼の他に同様の商人一人を別使に加えて派遣すべきだという意見も出されている。

これに対して残り四名の公卿は医師の派遣に反対したが、その理由は「派遣すべきところではあるが、医道の棟梁《とうりょう》たる丹波雅忠以外の者を派遣して、もし治療に効果がなければ我が朝の恥となってしまう」というものであった。そして、高麗に派遣を断る口実についても、大宰府の名医はすでに老齢で派遣に堪えないとか、蒼海を渡るのが難しいといったことを大宰府の返牒に記載してはどうかと述べている。派遣反対派の一人、権中納言藤《ふじ》原宗俊《わらのむねとし》は「もし医師を派遣するのであれば、あくまで大宰府から派遣した体裁をとって、天皇には伝えていないことにしよう」とも言う。これらの意見は決して外交上の政治的な判断によるものではなく、日本の体面を気にした消極的なものにすぎなかった。

医師不派遣の決定

この公卿の答申を受けて白河天皇と関白藤原師実は丹波雅忠に意見を求めた。雅忠は「これまでこのようなことはありませんでした。

派遣しなくても問題ないのではないでしょうか。それでも派遣するなら、惟宗俊通（の一人だけ）を派遣すべきでしょう。もし二人の医師を派遣したら俊通は背を向けて親しく交わらない性格であることは皆が知っているところです」と回答している。惟宗俊通は鎌倉初期成立の説話集『続古事談《ぞくこじだん》』に、七〇歳余りの高齢でありながら通常の絹製ではなく麻《あさ》などの素材でできた布の直衣《のうし》（貴族の日常着）姿で、若年者が穿《は》く紫の指貫《さしぬき》（裾の口を紐で絞った袴《はかま》の一種）を着用して人と面会したと伝えられる風変わりで気難しい人物だったようである。

雅忠の意見を聞いても判断に迷っていた関白師実はその日、夢にお告げがあるよう心に念じて就寝した。すると、亡き父の藤原頼通《ふじわらのよりみち》が枕元に立って「派遣しないように」と告げたという。これによって決心がついた師実は翌日には白河天皇とともに医師を派遣しない決定を下し、文章道《もんじょうどう》の碩学《せきがく》大江匡房《おおえのまさふさ》に返牒の作成を命じた。

こうして高麗の要請を断ることになったのだが、その決定に当たって師実が「医師を派遣すべきではあるが、夢のお告げがあったため」と述べているように、彼もまた道義的には派遣すべきだと考えていた。医師の派遣に反対した他の公卿も同様である。当時の貴族は必ずしも高麗との関係を全く拒絶していたわけではなかった。

なお、この決定に関しては「師実が陣定の結果をひっくり返して、急遽、医師派遣を中止」したといった誤解のある説明をされることがある。

陣定とは、これまでもたびたび触れてきたように、天皇が必要と認めた時に招集して開催される諮問会議である。その会議に参加した公卿の意見が分かれた場合、複数の意見がそのまま並記されて天皇に答申される。陣定では必ずしも意見の統一は行われないし、まして決定もされない。決定権を持つのは天皇とそれを補佐する関白（天皇が幼少の時は摂政）である。また、その決定は公卿の答申に束縛されるものでもない。陣定はあくまで意志決定のために「参考」とすべき意見を公卿から聴取する場であり、最終的な判断は天皇と摂関の裁量なのである。この点を誤解しないようにしたい。

今回も、公卿の意見は賛否両論に分かれた。この時代に多数決という考え方は存在しないから、派遣賛成が多数意見だったからといって、それが陣定の結論となるわけではない。結論がないのに「ひっくり返す」も何もない。天皇と関白は、丹波雅忠にも意見を聞くべしという公卿の意見を受け入れて雅忠にも問い合わせ、そのうえで賛成・反対の双方の主張とその理由を勘案しつつ、決定権者として責任をもって判断したにすぎない。

摂関が専権を振るって恣意的な政治を行ったとする先入観から摂関と公卿との関係を過度に政治的・対立的にとらえようとすると事実を歪曲して認識してしまう恐れがあるので注意が必要である。

この時、日本が高麗に送った返牒が『本朝続文粋《ほんちょうぞくもんずい》』に収録されている。それを意訳すると次のようなものであった。なお、日付が空欄で官人の署名もないのは、これが実際に送られた最終的なものではなく、それらを書き込む前の草案だからである。

大宰府の返牒

日本国大宰府牒　高麗国礼賓省

贈り物を返却する事

牒す。彼《か》の省（礼賓省）の牒が言うには（中略、高麗国礼賓省牒の本文引用）とのことだ。牒によれば、貴国（高麗）が懽《よろこ》んで盟《めい》を交わしてから千年を超え、和親の義が長く百代の王に及んだいま、王は病《やまい》に冒《おか》されて医療を海外に求めてきた。（王の容態を）遥かに思いやり、どうして同情せずにいられようか。だがそもそも、牒状の詞《ことば》が故事に背いている。（王の指示・命令を意味する）「処分」の表現を改めて「聖旨」とするのは蕃王《ばんおう》が称すべきものではない。辺地から上邦に通信するに際して守るべき規範を破っている。まして、商人の船に託して異国の書を寄せてきたが、王の使者は派遣されず、封函《ふうかん》（封した文箱）の礼も欠いている。双魚《そうぎょ》なお鳳池《ほうち》の月に達し難く（このような双魚〈手紙〉を鳳池〈宮中〉に届けることはできない）、扁鵲《へんじゃく》なんぞ鶏林《けいりん》の雲に入《い》るを得ん（どうして扁鵲〈名医〉が鶏林〈新羅〉に赴くことができようか）。その

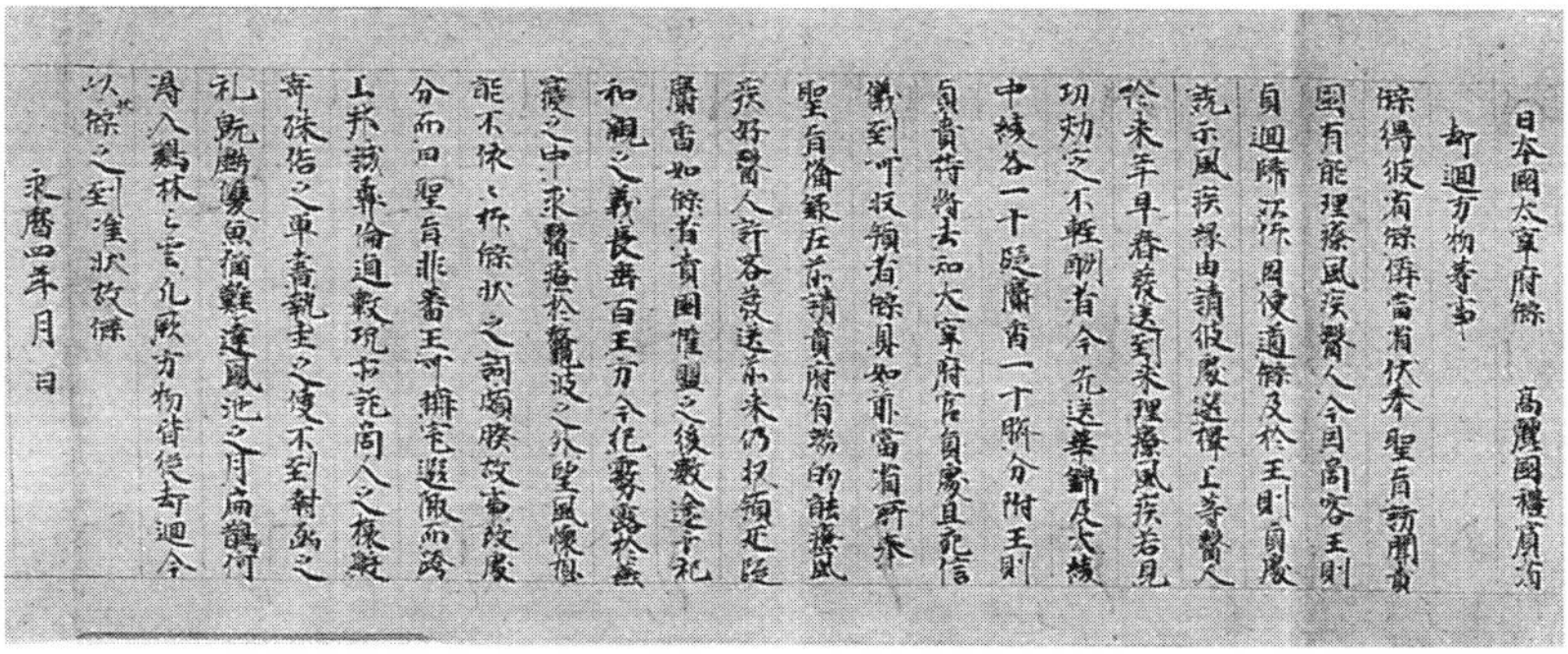

図28　『本朝続文粋』巻11・牒・高麗国礼賓省宛て日本国大宰府牒
（紅葉山文庫旧蔵・内閣文庫本，国立公文書館所蔵）

贈り物はすべて返却する。いま、以上の通り牒す。牒が到着すればそれに従うように。故《ことさら》に牒す。

承暦四年　月　日

この返牒もまた、医師を派遣すべきとされた根拠と同じく一千年、百王にも及ぶ「盟」を結んだ間柄とする歴史認識に立脚している。しかし、末尾が「故牒」となっているように、この返牒は上位の立場から下位の者に対して送る形式をとり、「上邦」たる日本に対して「蕃王」がとるべき礼を欠いたことを咎《とが》めて医師の派遣を断るという尊大な内容となっている。しかし、ここで指摘された牒状の形式上の不備はこれまでの審議では全く取り沙汰されていない事柄であった。先に「聖旨」の文言の意図を検討したが、もともと公卿は「聖旨」の表現など問題にすらしていなかった。それが返牒に問題点として盛り込まれたのはなぜだろうか。

返牒作成の経緯

医師を派遣しないことが決まった翌日、関白師実のもとを訪れた源経信は師実から返牒の文言をどうすべきか意見を求められた。それに対して経信は陣定で派遣に反対する者が出した意見によってはどうかと答えている。その意見とは、医師の年齢や渡海の危険性を口実にしようというものであり、この時点ではまだ返牒に述べられたような理由で派遣を断ることにはなっていなかった。

また経信は、これまでも高麗からの申請は必ずしも裁許してきたわけではなかったとして、先例として天慶年中に高麗の朝貢を断った事例を挙げ、そのことが記録にみえますと師実に語った。そこで師実は経信にその記録の提出を命じ、経信はそのほかの事例も含めた高麗返牒の先例を書き出して師実に献じた。師実はこれを天皇の御覧《ごらん》に入れて返牒の文言を検討することにした。今回の返牒はこれらの先例を参考にして作成されたものである。したがって、そこに述べられた高麗の要請を断る理由はすべて、実は断ることが決まったあとに考え出された後付けの理由なのであった。

経信が師実に献じた先例は、天慶の返牒のほか、刀伊《とい》の入寇《にゅうこう》の際の返牒、および永承六年（一〇五二）の返牒の案であり、さらに大外記《だいげき》清原定俊《きよはらのさだとし》が勘申した高麗牒状の記録に承平・長徳の事例があったらしい。このうち、承平・天慶のものは半島統一間もない高麗が朝貢を求めた承平七年（九三七）と天慶二年（九三九）の牒に対してそれを拒否した返牒、長徳は高麗国内で狼藉《ろうぜき》をはたらいた日本人に抗議した長徳三年（九九七）の高麗国啓牒に対して侮辱的な態度を逐一咎めるよう指示した太政官符である。また、永承六年の返牒とは、高麗に漂着した日向国《ひゅうがのくに》（宮崎県）の女性を日本に送り返した金州《きんしゅう》（韓国・慶《キョン》尚南道金海市《サンナムドキメシ》）の牒状に対するもので、この時も牒状を商船にあずけて送ってきたことが問題とされた。これらの事例はいずれも高麗の要求を拒絶したか、またはその態度を批判したものであった。

返牒の作成を命じられた大江匡房はその先例を参照して、今回の高麗牒が礼に背くとみなされる項目を次の通り抽出した。

①「牒」とあって「牒上」と書いていない（上申文書でない）。
②函に入れて封する封函ではなく紙で包んで封する封紙《ふうし》の体裁である。
③年号を書かず「己未年」と干支で表記している。
④年月の下の日付が空欄である。
⑤「聖旨」は宋朝が称するところであり、蕃国が称すべきものではない。
⑥商人に牒状をあずけて専使を派遣していない。

関白師実は以上六点の項目すべてを返牒に記載すべきか否か経信から匡房に尋ねさせた。

匡房は「これらは多く咎められるべきものです。特に、長徳の時には問題点を一ヵ条ごとに逐一咎めることとされました」と答えたが、師実は「病気で医師の派遣を要請してきたのに、派遣せずに咎め立てるのは無情ではないか」とやや慎重な態度をとっている。現実には治療の失敗を恐れて自国の体面を優先したにもかかわらず、相手の不備を口実にするのは、やはり後ろめたかったのであろう。経信も「ごもっともです。この中から必ず咎めるべきことを少々載せるなら問題ないでしょう」と述べて、しかるべき公卿を招集して「議定《ぎじょう》」させるよう提案した。ならば明日、開催しようということになり、九月四日に返牒に記載すべき内容を審議する公卿議定が行われた。

ここで経信が提案した「議定」とは、摂関を除く太政官議政官の現職にある公卿全員に参加資格がある陣定ではなく、そのなかから「しかるべき公卿」を選定して関白邸で行う殿下議定を指す。陣定ではなく殿下議定によって審議されたのは、高麗の要請を却下するという国家の方針がすでに定まり、あとは関白の指揮のもと、その方針を具体化する実務的な段階に移行していたためである。これより先、過去の返牒の文言を提出するに際して経信は重要な問題であるから陣定で議論したうえで先例を献じたいと申し出、さらに高麗からの贈り物を受領すべきか否かの審議も必要とする考えを師実に伝えたが、師実は先例をすぐに献じるよう命じ、贈り物の受領の可否を議論させることもなかった。これは一見、公卿の意見を無視した師実の強引な政治運営のようにもみえるが、決定権者の師実にとって、先例に基づいて返牒して贈り物を返却することは議論の余地のないことだったのであり、陣定の必要性を感じなかったにすぎない。返牒の具体的な文言の審議に殿下議定を選択したことが自己の意志を強引に通そうとする師実の恣意的な判断によるものでないことは、その開催を提案したのが経信であることからも明らかであろう。師実は決して、自分勝手に政治を行っているわけではない。

議定に参加した公卿は上卿の大納言源俊房のほか、右大臣藤原俊家《ふじわらのとしいえ》、権大納言源顕《みなもとのあき》房《ふさ》、権中納言源経信・源師忠《みなもとのもろただ》、参議藤原師成《ふじわらのもろなり》・源俊明《みなもとのとしあき》であり、返牒の作成を担当する大江匡房、および先例を勘申した大外記清原定俊がその場に控えた。

この議定では、上記の六ヵ条を毎条咎めるべしとする意見のほか、個々の内容は咎めずにただ違例であると記載するにとどめる意見も出たが、経信は師実の意向を汲んで長徳の例のようにすべての問題点を一つ一つあげつらうことは避け、⑤「聖旨」の文言と⑥牒状を商人に付したことを咎めてはどうかと述べた。先の返牒の内容をみれば分かるように、最終的にはこの一部の箇条を選んで咎める案が採用され、経信の案に②封函しないことを加えた三項目が盛り込まれた。

また、この返牒を誰に持って行かせるかということも議論されている。最終的に完成した上記の返牒に「このような手紙を宮中に届けることはできない」とあるように、返牒は大宰府の判断で発出した体裁がとられたが、それを王則貞に託して送付させれば実際にはそうではなく朝廷の指示であるという裏事情まで彼が高麗に話してしまうかもしれないという懸念があった。「王則貞のような日本と高麗を行き来する商人はほかにいるのか」という師実の問いに大宰大弐《だざいのだいに》の経歴をもつ藤原師成が「はなはだ多くおります」と答えると、ではその商人に託してはどうかということになり、皆それに賛同した。これらの審議結果を大江匡房が参内《さんだい》して白河天皇に伝えると、天皇は公卿の意見にしたがって返牒するよう命じるとともに、王則貞については永く高麗への渡航を禁じるよう指示した。最終的に王則貞は大宰府によって処罰されている。

以上のような議論をふまえて大江匡房が作成した返牒は十一月頃まで字句の修正を重ねたうえで翌年に送付された。結局、この時も高麗と関係が結ばれることはなかったのである。

三韓征伐伝説の「盟約」観

高麗医師派遣要請事件における意志決定の過程で注目すべきは、第一に、日本と高麗との関係性の認識が三韓征伐伝説に由来することは従来と同様であっても、それが高麗に対する拒否反応を呼び起こすことはなく、むしろ好意的な意見の根拠となっていることである。

三韓征伐伝説は平安貴族にとっては歴史的な「事実」であり、朝鮮半島の王朝をかつての日本の朝貢国とみなす歴史認識それ自体が変わることはない。しかし、それを起点とした両者の現在の関係性については、その時々の状況によって認識が変化した。日本が軍事的脅威にさらされていれば、三韓征伐を逆恨みする「敵国」として猜疑《さいぎ》の目を向けたが、刀伊《とい》の入寇《にゆうこう》からすでに半世紀余りが経過した当時にあっては、侵略の脅威も遠い過去の記憶となり、むしろ「盟約」で結ばれた国という認識の方が先に立っているのである。

しかし、そのような高麗観が大勢を占めながらも、結局は医師の派遣を見送り、かえって返牒では蕃王の礼節を欠くものとして高麗を批難する尊大な態度をとった。ただし、それはあくまでポーズにすぎず、実際には牒状の体裁を問題視して派遣拒否を決定したわけではなかった。牒状の様式が示す上申・平行・下達の区別は日本の貴族も十分に承知していたはずであり、高麗が対等な立場で牒状を送ってきたことは理解していた。そのうえで道義的には医師を派遣すべきだと考えた彼らにとって、名分論的なことは本質的な問題ではなかったことに注意しなくてはならない。

「恥」の観念

そこで注目したい第二の点が、医師の派遣を見送った根本的な理由としての「恥」の観念である。ここで言う「恥」の観念とは、森公章《もりきみゆき》氏が指摘した平安貴族の自己意識であり、日本が中国（異国）に匹敵または優越するという意識と表裏をなすもので、日本の学芸・技能が劣っていることが暴露されれば「日本の恥」になるという観念のことである（「平安貴族の国際認識についての一考察」『古代日本の対外認識と通交』吉川弘文館、一九九八年）。

その観念を森公章氏は日本が中国と対等または凌駕するという意識があってこそ生まれるものと論じたが、高麗医師派遣要請事件の審議過程にみられた貴族の意識はむしろ逆であろう。高麗に医師を派遣して治療に効果がなければ「恥」になる、というのは自国の技能を信頼しきれない後ろ向きな意識である。成功を確信できず失敗を恐れて派遣を躊躇する彼らの心理は、深層に眠る自信のなさと、それを見透かされて体面を傷つけられることに怯える臆病さとを基底としており、それが相手の視線を過度に意識する姿勢となって表れたものと言える。そして、その裏返しとして、不安感を覆い隠すべく自ら関係を閉ざしながら自己の優越性は必要以上に誇示される。高麗に向けた返牒ではいたずらに尊大な態度をとって虚勢を張るのである。この返牒を文面通りに受け止めて、平安貴族の高麗に対する排外的な蔑視観の発露とみなしてしまっては、事の本質を見誤ることになるだろう。

今回の交渉は、このような貴族の自意識によって拒絶された。むろん、契丹と宋の狭間にある高麗の政治的な思惑など知る由もなく、考慮の外であった。当時の日本が国際政治の場から遊離しているからこそのことである。

自尊意識の肥大化

また、この返牒には後日譚がある。大江匡房が晩年、その豊富な知識を若い俊英の蔵人《くろうど》藤原《ふじわらの》実兼《さねかね》に語り聞かせて筆録させた言談集『江談抄《ごうだんしょう》』に記録された説話のなかにこの返牒のことが出てくる。それによれば、匡房がのちに大宰権帥《だざいのごんのそち》となって九州に下向した時、宋の商人が返牒の文言「双魚なお鳳池の月に達し難く、扁鵲なんぞ鶏林の雲に入るを得ん」の一節を褒め称《たた》えて、「宋の天子が愛玩するほどの句であり、百金をもってこの一篇に換えるほどのものです」と語ったという。

図29　大江匡房（菱川師宣画『小倉百人一首』延宝8年〈1680〉，国立国会図書館デジタルコレクション）

「双魚」とは、遠来の客が遺《のこ》していった二尾の鯉《こい》の腹の中に手紙が入っていたという中国の故事にちなんだ手紙を意味する語。「鳳池」も『文選《もんぜん》』に出典のある宮廷の池のことで、その傍《かたわ》らに天子の秘書官庁たる中書《ちゅうしょ》省《しょう》があったことから転じて宮中を指す。「扁鵲」は中国古代の伝説的な名医の名であり、「鶏林」は故事に基づく新羅の異称である。また、二尾の魚（双魚）と一羽の鵲《かささぎ》（扁鵲）、池と林とを縁語として対応させるなど、中国の古典・故事に基づいて修辞を凝《こ》らしたこの章句は大江匡房の自信作であり、それを匡房は宋の皇帝も愛玩するほどの希代の名文として自画自賛したのであった。

しかし、高麗に送った返牒の一節を、それと全く無関係な宋の皇帝が愛玩したというのは、いかにも作為的である。平安貴族にとって文化的価値の高さを測る尺度は前代から変わらず中国であり、その権威を借りた章句の賛美は匡房による虚構であった。「百金をもって一篇に換える」という表現も『白氏長慶集《はくしちようけいしゆう》』（『白氏文集《はくしもんじゆう》』の前集）の序文を出典とすることが小川豊生《おがわとよお》氏によって指摘されている。小川氏はこの返牒を含む『江談抄』の中国関係説話が、中国文明に対する劣等感とその裏返しとしての対等もしくは優越感という相反する意識によって形作られているとする（「大江匡房の言説と白居易」『白居易研究講座第四巻　日本における受容（散文篇）』勉誠社、一九九四年）。そのような倒錯した自尊心が、外交を閉ざした日本のなかで実態を超えて肥大化していく様をこの説話はよく示している。

日本人の海外渡航の禁止

初めて契丹との道を通ず

医師派遣の交渉は決裂したが、日本人の高麗入貢はその後も継続し、北部九州の商人のほか、対馬の官人も高麗に物産を献じたことが『高麗史』に連年記録されている。返牒作成の経緯を知る王則貞は高麗渡航を禁じられて処罰されたが、その他の商人の活動は必ずしも規制されなかったようである。また、医師の派遣を断る返牒において日本から「蕃王」と蔑《さげす》まれた高麗も、来朝した日本人を朝貢分子として受け入れる姿勢に変化はみられない。

ところが、そうしたなかで寛治六年（一〇九二）に大きな事件が起きる。六月、大宰府は宋商人「隆琨《りゅうこん》」が初めて契丹（遼）との交易の路を開き、銀宝貨などを日本にもたらしたと報告した。『遼史《りょうし》』によれば、契丹の大安《たいあん》七年（一〇九一）九月の記事に「日本国が鄭元《ていげん》・鄭心《ていしん》と僧応範《おうはん》ら二八人を派遣して来貢した」とあり、これが「隆琨」の渡航に対応すると考えられている。

この時の大宰府の長官は藤原伊房《ふじわらのこれふさ》であった。権中納言だった彼は前任者の大弐藤原実政《ふじわらのさねまさ》が大隅正八幡宮《おおすみしょうはちまんぐう》（鹿児島県霧島市《かごしまけんきりしまし》）の訴えによって辞任したことを受け、寛治二年に権帥を兼任して翌年に大宰府に下向していたが、大宰府が契丹との交易を報告した翌月に任期一年を残して自ら辞任して上洛《じょうらく》した。この時はまだ彼が何かの罪に問われたということではなく、大宰府の報告も「初めて契丹国の路を通じた」と宋商人の功績を評価するもので、伊房はまさかこれが重大な問題となるとは考えていなかったようである。

宋商人の「隆琨」とは、一〇七〇年代から八〇年代にかけて活躍した劉琨《りゅうこん》と同一人物と考えられている。彼は入宋僧成尋《にっそうそうじょうじん》の弟子の一乗房永智《いちじょうぼうえいち》を宋に送り届け、日本僧戒覚《かいかく》の密航を手助けするなどした日宋貿易に従事する商人であり、宋商人孫忠《そんちゅう》と何らかのトラブルを起こしたこともあった。

その宋商人が日本から契丹へ渡航した背景に原美和子《はらみわこ》氏は宋の対外政策の変化を指摘している（「宋代海商の活動に関する一試論」小野正敏ほか編『中世の対外交流』高志書院、二〇〇六年）。宋では対外的に積極策をとった神宗《しんそう》が一〇八五年に崩じ、幼い哲宗《てっそう》のもとで宣仁太后《せんじんたいこう》が垂簾政治《すいれんせいじ》を行って旧法党が復活していた。そうしたなかで、高麗への渡航許可を受けて出航した王応昇《おうおうしょう》という商人が渡航の禁止された契丹に密航した事実が発覚すると、それを契機として、新法党政権下で解禁されていた高麗渡航が一〇九〇年に再び禁止されて一〇九四年まで続く。高麗への渡航が許されていた時期には高麗貿易が拡大し、なかには契丹に赴く者も現れたが、その道が閉ざされた宋商人は今度は日本の官民を巻き込みつつ、日本を経由して高麗・契丹に渡航するルートを開拓していくのである。

日本僧明範の契丹渡航

このとき、劉琨とともに契丹に渡った人物に日本僧明範《みようばん》がいた。『遼史』の「僧応範」と同一人物であろう。中央では、この明範が劉琨とともに契丹に渡ったことが問題視された。明範は九月に都に召喚されて検非違使《けびいし》の尋問を受け、日本から持ち込んだ兵具《ひようぐ》を売却して多くの金銀宝貨を得て帰国したことを自供した。

この明範を白河上皇の仏事に奉仕した範俊《はんしゆん》のもとで実務を担った大法師《だいほうし》明範に比定し、その契丹渡航に白河上皇の意志を読み取る研究もあるが（上川通夫《かみかわみちお》『平安京と中世仏教』吉川弘文館、二〇一五年）、彼は中央で「商人僧明範」などと呼ばれていて大法師の僧位を持つ者には似つかわしくなく、当時の関白藤原師実の嫡男で内大臣だった師通《もろみち》も日記に「明範、僧なり」とわざわざ注記しているように明範について事前に何の知識も持っていなかったようで、とても院の息のかかった僧とは思われない。この事件が揉み消されたという事実もないため、背後に中央の権力者の関与を想定するのは無理がある。大法師明範とは別人と考えるべきであろう。おそらくは王則貞と同じように交易に従事した九州の僧侶と思われる。

当時、高麗に入貢した日本の商人も真珠や水銀などとともに弓箭《きゆうせん》・刀剣を献じているから、明範が売却した兵具は九州の商人がその方面に持ち込む輸出品としては一般的なものであった。しかし、藤原経平の場合と同様に兵器の輸出を禁じた律令《りつりよう》に違反する行為であり、さらにその相手が契丹であったことから特に重大視されることとなった。宋や高麗ならまだしも、契丹はかつて渤海を滅ぼした「武勇の聞こえある」野蛮な国として当時も畏怖の対象であった。

そしてさらに拷問が加えられた結果、ついに明範は権帥藤原伊房の使者として契丹に渡航したことを自白した。また、対馬守藤原敦輔《ふじわらのあつすけ》の共謀も明るみとなり、翌年十月に都に召喚されている。最終的に彼らは「越土《おつど》」（越度、許可なく異域に行くこと）と兵器売買の罪に問われ、寛治八年（一〇九四）五月に伊房は法律家の量刑に従って正二位から従二位に降格のうえ権中納言の職を停止され、敦輔も前年の対馬守離任に加えて位階の剥奪を受けたうえで両者ともに贖銅《しよくどう》一〇斤《きん》（財産刑）が課された。この量刑は官人の身分特権によって減刑を施されたものであるが、榎本淳一氏によれば流罪《るざい》相当の処分であり、重罪であった（『唐王朝と古代日本』前掲）。伊房に縁坐《えんざ》して処罰された親類縁者も多かったという。その後、伊房は嘉保三年（一〇九六）八月に許されて正二位に復帰したものの権中納言への復職は認められず、同年九月に失意のまま六七年の生涯を閉じた。

藤原伊房は後冷泉《ごれいぜい》・後三条《ごさんじょう》両朝で事務官僚たる弁官《べんかん》と蔵人《くろうど》を兼ねて信頼篤く、白河朝でも公卿として昇進を重ねるとともに、後冷泉の皇后で藤原頼通《ふじわらのよりみち》の娘の寛子《かんし》の太皇太后《たいこうたいごう》宮大夫《ぐうだいぶ》を務めた経歴を持ち、白河上皇や関白藤原師実に近しい公卿であったが、罪を免れることはできなかった。彼は三蹟《さんせき》に数えられる権大納言藤原行成《ふじわらのゆきなり》の孫で、能書で知られる世尊寺流《せそんじりゅう》の一門であったが、以後、平安時代を通じて公卿を出すことができず、一門が不遇の時代を迎える原因となった。この問題はそれほど重く受け止められたのである。

日本人の海外渡航禁止の厳格化

契丹への日本人の渡航は、『遼史』によれば明範の渡航の翌一〇九二年にもあったらしく、また『高麗史』宣宗十年（一〇九三）七月の条にみえる宋人一二人・倭人一九人の乗る海船も、江華島《こうかとう》を経て高麗の王都開京《かいきょう》に至る通常の上京ルートから大きく西にそれた延平島《えんぺいとう》（韓国・京畿湾《キョンギマン》西北部の延坪島《ヨンピョンド》）の巡検軍《じゅんけんぐん》によって拿捕《だほ》されていることから、契丹に向かう貿易船だったと考えられている。この時期には連年、日本人と宋人の協業の船が契丹に向かったようである。

しかし、伊房の処分が決まってまもなく大宰権帥に源経信が七九歳で任じられ、翌年の

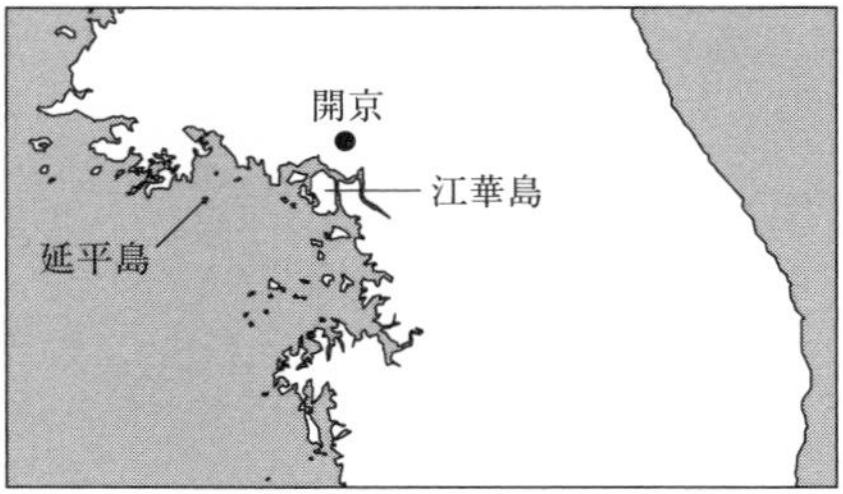

図30　延平島位置図

嘉保二年（一〇九五）に赴任すると、日本人の海外渡航は厳しく規制されたらしい。それ以降、『高麗史』から日本人の入貢記事が激減し、十二世紀前半には一一一六年に対馬特産の柑橘類が進上された事例くらいしか確認できなくなる。また、永保二年（一〇八二）に宋に渡った快宗・戒覚のあと、八〇年余りにわたって宋に渡航する日本僧が姿を消すのも、この規制強化と関係しているのかもしれない。

このような海外渡航を禁じる制度は「渡海制」（渡海禁制）と呼ばれるもので、上述したように律の規定に基づくとされる。ただし、村井章介氏も指摘するように、根拠法が律であったとしても、その法をいかに運用するかということは時々の現実に合わせて異なるのであって、その歴史的意義までもが単純な律令制の延長なわけではない（「一〇一九年の女真海賊と高麗・日本」『日本中世の異文化接触』東京大学出版会、二〇一三年）。現実には、日本人の高麗渡航は刀伊の入寇の際などに一時的に厳しく規制されることはあっても、基本的には黙認されていた。それがこの事件を契機として厳格に規制されるようになったのである。

先に神国思想を説明するなかで採り上げた、応保二年（一一六二）頃に二条天皇《にじょうてんのう》に奉呈された『大槐秘抄《たいかいひしょう》』には「日本の人が高麗に渡ることがありますが、中国の貿易商人とは似ても似つかないみすぼらしい姿の商人がわずかばかりの物をもって行くそうです。どれほど侮《あなど》られることでしょう。ですから制（渡海制）があるのです」とあった。広く利用されている『群書類従《ぐんしょるいじゅう》』の活字本では「日本の人は対馬の国人、高麗にこそ渡《わたりそうろう》候なれ」とあるが、近藤剛氏の校訂によれば「対馬（の）国人」は本来は「日本の人」の傍《かたわ》らに注記として追加された字句で、二条天皇に献呈された原本にはなかったものとされる（「十二世紀前後における対馬島と日本・高麗関係」『日本高麗関係史』前掲）。そうだとすれば、この「制」とは対馬に限らず日本人の高麗渡航を規制したものを指し、その渡航がみられなくなる十一世紀末以降のあり方を説明した文章と考えるべきであろう。これに続けて『大槐秘抄』には「異国の法では政治の乱れた国は侵略すべきものとされている」とある。契丹との兵器売買が警戒心を高め、日本が異国から「攻略しやすい脆弱《ぜいじゃく》な国」とみなされないよう、宋の貿易船に比べて貧相な日本人の渡航は禁じられたのである。

当時の日宋間を往復する中国の貿易船が乗組員七〇人から一〇〇人、全長三〇《メートル》ほどの大型のジャンク船だったのに対して、日本から高麗や契丹に渡航したのは二〇数人から多くて六〇人弱の集団が船一艘から二、三艘に分かれて乗った小規模なものにすぎなかった。

このように渡航規制を厳格化した源経信が永長二年（一〇九七）に大宰府の地で没すると、その後任には大江匡房が選ばれた。どちらも医師派遣問題で中心的な役割を果たした者たちである。

大江匡房と「敵国」意識

匡房は大宰府に下向して「対馬貢銀記《つしまこうぎんき》」と「筥崎宮記《はこざきぐうき》」を書いている。前者は対馬の銀の採掘の様子を記した地誌的作品だが、対馬の地勢について「高麗と海を隔て、北に金海《きんかい》府《ふ》がある。野に放つ馬や帆に掛けた布がはっきりと互いに見える。どれほど近いか推し量れよう。それでも高麗が隙を狙ってこないのは八幡大菩薩《はちまんだいぼさつ》の神威である」と述べる。「筥崎宮記」もまた、敵国襲来を未然に防ぐ八幡神の加護を強調していた。平安貴族の高麗観は、一時は「盟約」を交わした国という好意的な意識もみられたが、再び隙をみせてはいけない「敵国」という認識に回帰していったのである。

その後の高麗との関係

とはいえ、高麗との交流が全くなくなったわけではない。日本人の高麗渡航がみられなくなる一方で、日本に拠点をもつ宋商人の高麗渡航はその後も続いた。日本の朝廷が問題視したのはあくまで日本人の海外渡航であって、明範を連れて契丹に渡った劉琨は特に問題とされなかった。宋商人は規制の対象外だったのである。そうして以後は日本の僧俗貴顕の依頼を受けた宋商人が日本から高麗に赴くようになる。

高麗国王文宗の第四子で高麗仏教界の最高位にあった大覚国師義天《だいかくこくしぎてん》は、高麗が宋と契丹との狭間《はざま》で二重外交を強いられるなか、宋・契丹および日本から四〇〇〇余巻の仏典、章疏《しょうそ》類（経論の注釈書）を収集・類聚《るいじゅう》して「高麗続蔵経《こうらいぞくぞうきょう》」（義天版《ぎてんばん》）を刊行した。その義天の収集した章疏や続蔵経は刊行後まもなく宋商人の手で日本に輸入されている。嘉保二年（一〇九五）には興福寺僧の依頼を受けた宋人柳裕《りゅうゆう》が高麗に渡り、永長二年（一〇九七）に「弥陀極楽書《みだごくらくしょ》」など一三部二〇巻をたずさえて帰朝した。また、康和四年（一一〇二）に大宰権帥に任じた藤原季仲《ふじわらのすえなか》は白河上皇第三皇子の仁和寺《にんなじ》御室《おむろ》覚行法親王《かくぎょうほっしんのう》に命じられて長治二年（一一〇五）に高麗に「専使」を派遣し、翌年に続蔵経の章疏を請来《しょうらい》している。この「専使」も宋商人であろう。また、保安元年（一一二〇）頃、筑前観世音寺《ちくぜんかんぜおんじ》の東大寺末寺化のために下向していた東大寺僧覚樹《かくじゅ》も宋人荘永《そうえい》・蘇景《そけい》に依頼して高麗から聖教《しょうぎょう》一〇〇〇余巻を輸入した。『高麗史』にも、一一四七年に日本都綱《とごう》黄仲文《こうちゅうぶん》ら二一人の来朝が記録されている。「都綱」とは綱首《ごうしゅ》とも呼ばれる貿易船の責任者のことであり、黄仲文という名前からこれも日本から高麗に渡った宋商人と考えられる。

高麗商船の来航

また、一一五〇年代に入ると高麗の商船も日本に来航するようになった。仁平《にんぴょう》二年（一一五二）には肥前国《ひぜんのくに》の小値賀島《おぢかじま》（長崎県北松浦郡《きたまつうらぐん》）の領主であった清原是包《きよはらのこれかね》が島民に暴虐をはたらくとともに高麗船を略取する事件を起こしており、後白河院政期《ごしらかわいんせいき》に入った二条《にじょう》朝の平治《へいじ》元年（一一五九）にも、高麗商人について陣定で何事か審議されている。応保二年（一一六二）頃に書かれた『大槐秘抄』には「鎮西《ちんぜい》は敵国の人（高麗人）が今日では集まるところとなっています」とあった。

詳細は不明だが、永暦《えいりやく》元年（一一六〇）には、対馬で産出する銀の採掘・輸送に当たる人夫や商人が高麗の金海府《きんかいふ》に禁錮《きんこ》される事件も発生している。対馬の銀は大宰府管内諸国に費用を割り当てて採掘され、厳重な警備のもと大宰府から中央の蔵人所《くろうどどころ》に貢納された。この時代に日本人が高麗に献進した物産のなかに銀はみえず、銀は一般の商人が扱う輸出品ではないため、日本の商人が銀を売買するために高麗に赴いて拘留された事件とは考えにくい。対馬と大宰府を往復する輸送船が高麗に漂着したか、あるいは高麗商船による拉致連行であろうか。対馬島は大宰府を通じて中央政府に事件を報告するとともに、高麗の海上警備を担う東南海都部署《とうなんかいとぶしょ》に牒を発して抗議したようである。

対馬と高麗の進奉礼制

なお、後世、十三世紀の高麗では、日本（対馬）の使者を受け入れるための「進奉礼制」があったと認識されている。それは、古来より物産を高麗に貢進してきた対馬島民などの日本からの進奉者を受け入れるための礼式であり、入貢の口上を述べる文牒《ぶんちょう》の提出先や船数に高麗が一定の決まりを設け、その受入窓口となる金州に倭人のための館舎を設けていたという。その成立年代には諸説あるが、

『高麗史』の文宗十年（一〇五六）の記事に、日本国使が「金州に来館した」とあることからすれば、十一世紀後半の状況に対応して定められたものであろうか。その後、日本人の高麗渡航は規制されたが、後述するように平氏《へいし》が大宰府を掌握した一一六〇年代後半には規制がなくなり、再び対馬島民が往来するようになったらしい。ただし、一二〇五年、六年の進奉者は文牒が無礼だったために「進奉の礼にあらず」と言われ、一二二七年に高麗が日本人の海賊行為の取り締まりを要求してきた時点では、すでにその礼制は廃絶して行われておらず、対馬島民が多くの船を連ねて不定期に往来する状況だったという。そこで同年、あらためて大宰少弐《だざいのしように》で守護の武藤資頼《むとうすけより》と高麗とのあいだで進奉を年に一度、船二艘に限る歳遣船《さいけんせん》の進奉約定《やくじよう》が結ばれている。

後白河法皇と平清盛の外交

南宋の成立と日本

北宋から南宋への移行と鳥羽院政

大治《だいじ》四年（一一二九）、白河法皇《しらかわほうおう》が院御所《いんごしょ》の三条西殿《さんじょうにしどの》で崩御《ほうぎょ》すると、崇徳天皇《すとくてんのう》に譲位していた鳥羽上皇《とばじょうこう》が院政《いんせい》を継承した。この鳥羽院政は保元《ほうげん》元年（一一五六）まで続くが、その時期は外交の空白期となっている。しかしそれは日本の外交姿勢に何か大きな変化があったというわけではない。受け身な外交に終始した日本に対して、宋《そう》や高麗《こうらい》から外交を求めるアプローチがなかったためである。

宋は新たに勃興した女真《じょしん》の王朝の金《きん》と同盟を結んで契丹《きったん》（遼《りょう》）を挟撃することで念願の燕雲《えんうん》十六州の回復を実現しようとした。その結果、一一二五年に金が契丹を滅ぼす。しかし宋は金に約束していた歳幣《さいへい》を贈らず、かえって謀略を企《くわだ》てるなどした。そのため金軍は二度にわたって宋の首都開封《かいほう》を攻撃して陥落させ、国庫に蓄えられた金銀財宝を押収して上皇徽宗《きそう》と皇帝欽宗《きんそう》および皇族以下三〇〇〇人を拉致して帰還した。世に言う「靖康《せいこう》の変《へん》」である。一一二七年、ここにいったん宋は滅亡した。

開封に在京した皇族はことごとく金に連れ去られたが、京外にいて難を逃れた欽宗の弟の康王趙構《こうおうちょうこう》が南京応天府《なんけいおうてんふ》（河南省商丘市《かなんしょうしょうきゅうし》）で皇帝に即位した。宋中興の祖高宗《こうそう》である。この中興を境に、それ以前の王朝を北宋《ほくそう》、以後を南宋《なんそう》と呼ぶ。その後、金は南征して華北を占領し、高宗は南に逃れて一時は現在の浙江省《せっこうしょう》南部の温州《おんしゅう》まで下るなど在所が転々としたが、杭州《こうしゅう》（浙江省《せっこうしょう》）を改称した臨安府《りんあんふ》が一一三八年に行在《あんざい》の都と定まった。

宋の政界は主戦論と和平論とに分かれたが、高宗は和平派の秦檜《しんかい》を信任し、その主導のもとで一一三八年に和議が成立して、翌年に河南《かなん》・陝西《せんせい》の地が金から返還された（第一次宋金和議）。しかし、この和議は金の主戦派によって破棄され、一一四〇年に再び金軍が南進した。その結果、一一四一年に結ばれた第二次和議では、宋は河南・陝西を放棄して国境を淮水《わいすい》（淮河《わいが》）とし、宋の皇帝が金の皇帝に対して臣下の礼をとり、宋から金に毎年銀二五万両と絹二五万匹《ひき》を歳貢《さいこう》として贈ることとなって、ようやく和平が実現した。この和議は当時の宋の年号から「紹興和議《しょうこうわぎ》」と呼ばれる。その講和条件は宋にとって屈辱的なものであったが、高宗から全幅の信頼を寄せられた秦檜が一一五五年に死去するまで専

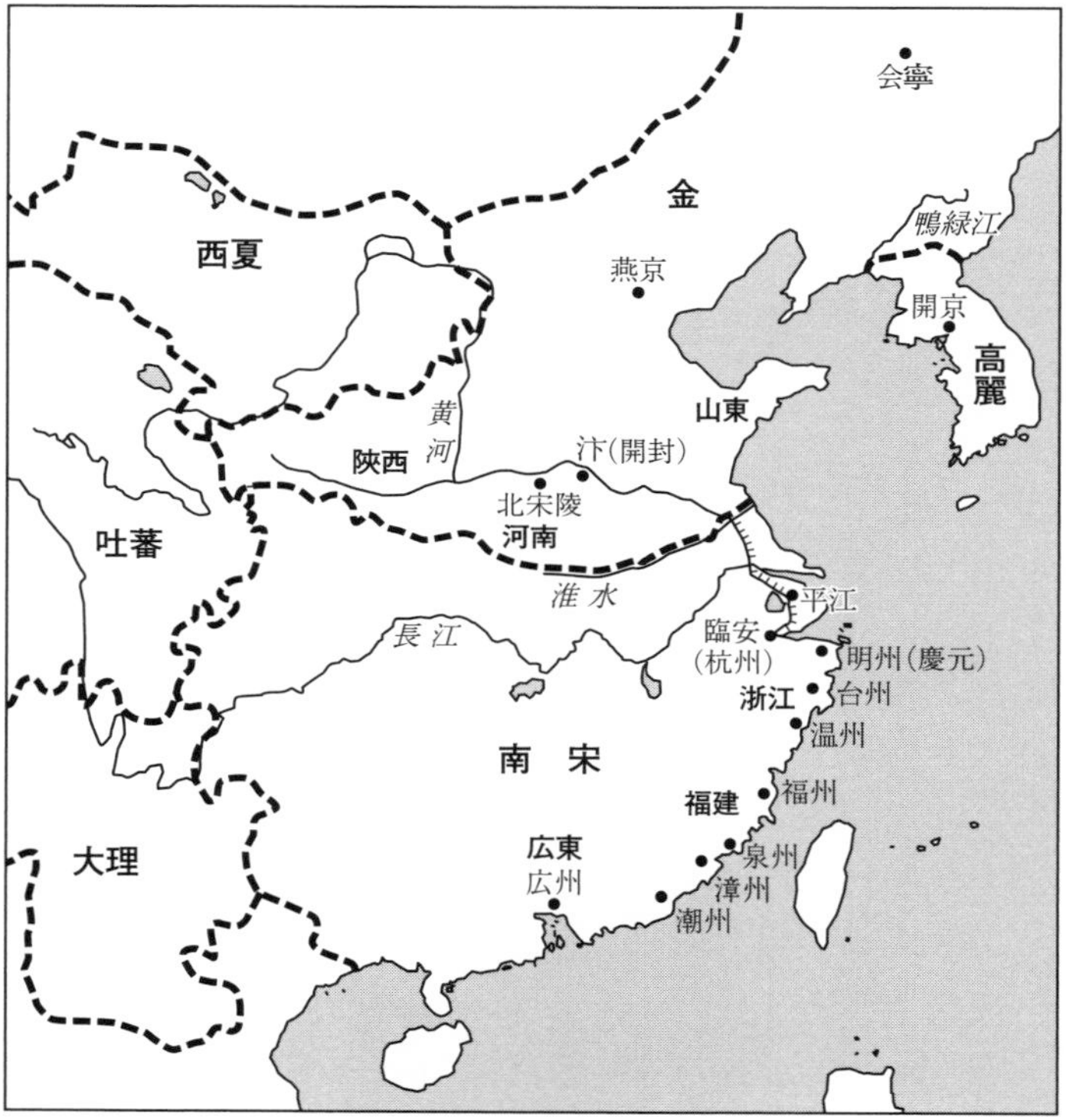
会寧
金
鴨緑江
西夏
燕京
開京
高麗
黄河
山東
陝西
汴(開封)
北宋陵
河南
吐蕃
淮水
平江
長江
臨安
(杭州)
明州(慶元)
浙江
台州
温州
南　宋
福州
福建
広東
広州
泉州
漳州
潮州
大理

図31　宋金関係図

権を握り、主戦派を押さえて和平を維持した。

以上のように、北宋から南宋へと移行するなか、宋は和平を主軸とする対外政策で金に臨んだ。宋の受難をみた高麗も一一二九年に金に上表して「君臣の義」を誓い、さらに宋と金が紹興和議を締結すると、その翌年の一一四二年に正式に金から冊封を受けている。

このような国際情勢のなか、宋や高麗が日本に外交を求めることはなかった。そのため、鳥羽院政期には目立った外交案件がないのである。

また、北宋が滅亡して南宋と金とのあいだに和議が成立するまでの期間、日宋間の貿易が途絶えたわけではなかったが、戦乱のなかで貿易船の往来頻度は低下していた可能性がある。

貿易頻度の低下

先に述べたように、この時代の日本は宋商人に対して「年紀《ねんき》」という来航制限規定を設けており、それに違反して来航した商人に対しては安置（滞在許可）するか廻却《かいきやく》（強制帰国）するかの判断を公卿《くぎよう》が陣定《じんのさだめ》で審議した。その審議の実例は大治二年（一一二七）の記録を最後にみられなくなる。北宋が滅亡したこの年よりあと、年紀の規制を犯してまで貿易を行おうとする宋商人が記録から姿を消すのである。それからしばらくは貿易船の来航記録自体も少なく、一一三〇年代には宋人周新《しゆうしん》が鎮西《ちんぜい》に来航した長承《ちようしよう》二年（一一三三）の一例があるにすぎない。

この船は院領荘園の肥前国神崎荘《ひぜんのくにかんざきのしょう》（佐賀県神埼市《さがけんかんざきし》）の出資を受けて宋に派遣された貿易船だったらしく、当時、鳥羽上皇の近臣で神崎荘の預所《あずかりどころ》であった平忠盛《たいらのただもり》が、院の命令であるとして、貿易を終えて帰朝した船の積み荷に対する神崎荘の領掌権を主張して大宰府《だざいふ》の管理を排除しようとした。これは従来、院政期の貿易拡大・積極化を象徴する事件として扱われているが、むしろ逆に、貿易の機会が減少するなかで、その利益を確保しようとして引き起こされた事件と考えるべきではないだろうか。

また後年、熊野那智山《くまのなちさん》（和歌山県）に宋人を名乗る一人の僧がいた。彼は在宋中は橘子《きつし》洲《しゅう》（湖南省長沙市《こなんしょうちょうさし》）において『論語《ろんご》』と『孝経《こうきょう》』を学んだといい、どのような経緯か分からないが天治《てんじ》二年（一一二五）に一一歳で来日したという。それから帰国することなく那智で僧となったのも、北宋滅亡とその後の戦乱によって帰国を断念したためかもしれない。

先に述べた日本から高麗に渡った宋商人の事例も一一三〇年代は空白であった。

貿易の再活発化　その後、再び貿易の記録がみられるようになるのは紹興和議の成立する一一四〇年代以降である。その頃になると、日本の輸出品に新たに材木（倭板《わばん》・倭枋《わほう》）が加わる。これは宋の臨安（杭州）遷都によって江南地方で材木の需要が高まり、その供給地の一つを日本に求めたためであろう。

久安《きゅうあん》三年（一一四七）から四年にかけて、前関白《さきのかんぱく》で大宰府知行主《ちぎょうしゅ》でもあった藤原忠実《ふじわらのただざね》や、摂政藤原忠通《せっしょうふじわらのただみち》、および白河法皇第四子の仁和寺御室覚法法親王《にんなじおむろかくほうほっしんのう》のもとに宋商人から孔雀《くじゃく》や鸚鵡《おうむ》などが次々に届き、それぞれ鳥羽法皇に献じられたが、忠実はさらに「宋国当時（当代）の天子（高宗）の手跡《しゅせき》」を入手して次男の頼長《よりなが》に与えている。おそらくこれは都城整備のための材木輸入に当たって皇帝高宗が下賜して日本に送らせたものであろう。のちにも孝宗《こうそう》に譲位して太上皇帝《たいじょうこうてい》となった高宗が日本から材木を輸入した例があり、その材木を賜った孝宗が宮城内に翠寒堂《すいかんどう》という避暑のための殿閣を建てている。

塚本麿充《つかもとまろみつ》氏によれば、宋の皇帝は宸筆《しんぴつ》の御書《ごしょ》を臣下や国外の親宋政策をとる王権に下賜し、これを授かった側では御書閣《ごしょかく》という施設を建てて奉安し、宋の皇帝権力に連なる自身の政治的立場を象徴的に顕示したという。高麗では、宋の皇帝から賜った書画は清讌閣《せいえんかく》などの宮廷の収蔵庫に納められ、そこで君臣の交わる宴《うたげ》を開いて展覧会を催すことで、契丹に対抗して宋を思慕する文化的アイデンティティが政治的な意味を含んで示された（『北宋絵画史の成立』中央公論美術出版、二〇一六年）。しかし、日本の朝廷においては、高麗のように皇帝の文物が国際政治の文脈で権威化されることはなかった。高宗の手跡は摂関家のなかで珍奇な舶来品として扱われたにすぎない。ここには、当時の日本と高麗との国際社会への関わり方の違いがよく表れている。

図32　後白河法皇（長講堂所蔵）

後白河院政と平清盛

再び日宋間で牒状の交換がみられるのは後白河院政期であった。

保元元年（一一五六）に鳥羽法皇が崩御すると、そのもとで胚胎《はいたい》していた天皇家・摂関家それぞれの内部対立に端を発した保元《ほうげん》の乱《らん》が勃発する。乱は皇位継承問題をめぐって対立した崇徳上皇《すとくじょうこう》を配《はい》流《る》にして後白河天皇が勝利したが、前関白藤原忠実が寵愛して藤氏長者《とうしちょうじゃ》の地位を授けた次男の頼長と、その兄で関白の忠通との対立が摂関家の弱体化を招き、天皇方に与《くみ》して勝者となった忠通も乱後の処理では摂関家存続のために後白河に依存せざるをえず、その権威と発言力を著しく低下させた。

その後、保元三年に後白河は父の鳥羽法皇が生前に後継者と定めていた二条天皇に譲位して上皇となった。その二条天皇が永万《えいまん》元年（一一六五）に数え二歳の六条天皇《ろくじょうてんのう》に譲位して崩御したことで後白河は院政の権威を確立し、仁《にん》安《あん》三年（一一六八）に実子の高倉天皇《たかくらてんのう》を即位させた。

この経緯は河内祥輔氏の研究に詳しいが、後白河院政の特徴として、貴族を束ねる摂関家の統率力の低下に起因する側近政治への傾斜が指摘されている（『保元の乱・平治の乱』吉川弘文館、二〇〇二年）。そのなかで台頭してくるのが、保元の乱で後白河天皇方の武力の一角を担った武士の平清盛《たいらのきよもり》である。

保元の乱は史上初めて国家権力をめぐる政治対立が武士の武力によって決着された事件であり、次に続く平治《へいじ》の乱《らん》でも武勲を挙げて京内の軍事力を掌握した平清盛は後白河と結びついて公卿《くぎょう》に列し、仁安二年には太政大臣《だいじょうだいじん》に昇った（同年辞任）。翌年、清盛は重病を患って出家するが奇跡的に回復し、妻の平時子《たいらのときこ》の妹滋子《しげこ》を母とする高倉天皇が即位したことでさらに権勢を強め、後白河とともに「国家大事」の決裁権を握った。この後白河・清盛政権とでも呼ぶべき二頭政治の体制は、両者の関係が決定的に決裂して清盛が後白河を幽閉して院政を停止させる治承《じしょう》三年（一一七九）まで続く。

宋明州沿海制置使牒

後白河と清盛が協調関係にあった嘉応《かおう》元年（一一六九）に出家して法皇《ほうおう》となった後白河は翌年に清盛が福原《ふくはら》（兵庫県神戸市兵庫区）に設けた山荘に赴いて宋人を叡覧《えいらん》している。その二年後の承安《じょうあん》二年（一一七二）には宋から牒状と贈り物が届けられた。牒状の差出は「大宋国明州沿海制置使司《めいしゅうえんかいせいちしし》」であった。当時の沿海制置使で明州の知事を兼ねたのは皇帝孝宗の兄の趙伯圭《ちょうはくけい》である。この牒状は

図33　平清盛（六波羅蜜寺所蔵）

「日本国太政大臣」（平清盛）に宛てられており、後白河法皇と平清盛への贈り物の目録には「日本国王に賜う物色」「日本国太政大臣に送る物色」とあった。

贈り物が明州の地方長官からのものであったことや、その文書の体裁から、貴族層は贈り物を返却すべきだと考えたが、後白河と清盛は意に介さず、贈り物を受領して返牒することに決めた。体裁を不問とするその態度に右大臣《うだいじん》藤原兼実《ふじわらのかねざね》は「異国はきっと思うところがあるだろう」と、侮られることを危惧して恥ずべき対応だと悲憤《ひふん》している。

翌承安三年三月、式部大輔《しきぶだいぶ》藤原永範《ふじわらのながのり》が起草し、能書家の藤原教長《ふじわらののりなが》が清書した返牒が作成された。その差出には「日本国沙門静海《しゃもんじょうかい》」（静海または浄海は清盛の法名）とあり、「大宋国明州沿海制置使王」に宛てられていた。ここでも兼実は、宋の牒状の体裁の違例に言及することなく贈り物の美麗さをただ褒め称《たた》えるだけの返牒に不満を抱いている。また、返牒に添えられた返礼の品は、後白河からは色革《いろがわ》三〇枚を納める蒔絵《まきえ》の厨子《ずし》一脚と砂金一〇〇両を入れた手箱《てばこ》一合、清盛からは剣一腰《ひとこし》と手箱一合および物具《もののぐ》（甲冑《かっちゅう》・弓箭《きゅうせん》）などであった。兼実は武勇の具を境外に出すことを批判し、返牒と贈り物について陣定を開いて公卿の意見を聞くべきであると日記に書き、憤懣《ふんまん》やるかたない思いであった。

その兼実の日記『玉葉《ぎょくよう》』によれば、同月十四日から二十二日まで平清盛は福原で護摩《ごま》を修し、やってきた宋の使者と会うことなく代理の者に面会させた。そのため宋の使者は怒って帰ってしまったという。しかし、実際には返牒と返礼の品は宋の使者に授けられ、同年五月に宋に届けられている。その使者は沿海制置司津発綱首（貿易商人）の荘大椿《そうだいちん》と張守中《ちょうしゅちゅう》、および水軍使臣の施潤《しじゅん》・李忠《りちゅう》という者であった。これを宋の朝廷は日本が初めて入貢したものと認識し、首尾よく日本の返牒と返礼の品をたずさえて帰朝した彼らには枢密院《すうみついん》の建言によって皇帝から褒賞が与えられた。また、同年秋には再び宋から牒状が送られ、翌年に清盛が返牒している。

この牒状の交換は当然、双方に思惑があってのことである。その思惑とはどのようなものだったか、日本と宋のそれぞれについてみてみよう。

後白河・清盛の日宋交渉の舞台裏

明州阿育王山の舎利殿修造

日宋間では当時、牒状の交換と並行して日本産の材木を用いた中国寺院の修造事業が行われていた。

中国の明州《めいしゅう》、現在の寧波《ねいは》に阿育王山《あいくおうざん》という舎利《しゃり》信仰の聖地がある。インドのアショーカ王が分骨供養した釈迦《しゃか》の遺骨（仏舎利《ぶつしゃり》）を伝えるとされ、その舎利の光明が顕現する奇瑞《きずい》によって人々の信仰を集めた。この寺院（広利禅寺《こうりぜんじ》）の住持《じゅうじ》であった妙智禅師《みょうちぜんじ》従廓《じゅうかく》の事績を記す「育王山妙智禅師塔銘《いくおうざんみょうちぜんじとうめい》」（『攻媿集《こうきしゅう》』巻一一〇）に「日本国王が従廓の偈語《げご》（仏徳を賛嘆する詩句）に啓発を受け、譲位するに及んで出家して毎年のように恭《うやうや》しく（従廓に）弟子の礼をとり、あわせて良材を送って舎利殿を建てた。その建築は精巧で比類ないほど荘厳であった」とある。ここに登場する「日本国王」とは、従廓が住持に在職した期間（一一六二・三年頃〜一一八〇年）に出家した後白河法皇を指す。後白河の助成によって阿育王山に舎利を奉安する舎利殿が建築されたというのである。

その契機は、有名な重源《ちようげん》・栄西《えいさい》の入宋にあった。平清盛の弟の頼盛《よりもり》が永万二年（一一六六）に大宰大弐となり当時の慣例を破って現地に赴任して大宰府の機構を掌握すると海外渡航は規制されなくなり、仁安二年（一一六七）には重源が、その翌年には栄西《ようさい》が貿易船に便乗して中国に渡った。これは北宋期の快宗《かいそう》・戒覚《かいかく》から数えて約八〇年ぶりの日本僧の中国渡航であった。両者は貿易港の明州で出会い、一緒に阿育王山と天台山《てんだいさん》（浙江省《せつこうしよう》台州市《だいしゆうし》）を参詣するとともに、年久しく破損していた阿育王山の舎利殿の修造を請け負って仁安三年に帰国したという。

このことを記す栄西の伝記『栄西入唐縁起《えいさいにつとうえんぎ》』には重源を栄西の歳の離れた「兄」とする記述があるが、実際には両者に血縁関係がないことからこの史料の信憑性を疑う説もある（大塚紀弘「重源の「入宋」と博多綱首」『日宋貿易と仏教文化』吉川弘文館、二〇一七年）。しかし、文脈上この「兄」という表現は血縁関係を意味しない。その箇所は、重源は仏道の大先輩（兄）でありながら若輩者の栄西から菩薩戒《ぼさつかい》を受けた、と重源の仏道に対する真摯な態度を述べた文章である。この『栄西入唐縁起』は栄西の自筆に仮託して後人がまとめたものだが、疑うべき内容は特になく、その記述は信頼してよい。

図34　栄西（両足院所蔵）

帰国した栄西は比叡山延《ひえいざんえん》暦《りゃく》寺《じ》に登って天台座主《てんだいざす》明雲《みょううん》に中国の高僧の書文を献じた。これは従廓が舎利殿修造への助成を日本に依頼するために与えたものであろう。明雲は清盛の出家の戒師《かいし》を務めた人物であり、従廓の書文は明雲から清盛の手を経て後白河に伝えられたと考えられる。これに感銘を受けた後白河は重源と栄西が帰国した翌年の嘉応元年（一一六九）に出家して、舎利殿修造の支援に乗り出すのである。

材木輸出と舎利殿竣工

明くる年、嘉応二年（一一七〇）に後白河が清盛の福原《ふくはら》山荘で宋人を叡覧したのは材木輸出のための貿易商人との面会であった。輸出する材木は周防国《すおうのくに》（山口県東部）で伐採され、続く承安元年（一一七一）から二年にかけて博多湾《はかたわん》に搬入された。宋から牒状が届いたのはその最中であり、承安三年に清盛の返牒が宋に送られている。

この時、返牒を付託された宋の使者と福原で面会した清盛の代理人とは、嫡男の平重盛《たいらのしげもり》であったと考えられる。『平家物語《へいけものがたり》』には、重盛が九州から妙典《みょうでん》という貿易商人を呼び寄せて宋の皇帝と阿育王山の僧侶に陸奥国《むつのくに》（福島県以北の太平洋側）から貢納された砂

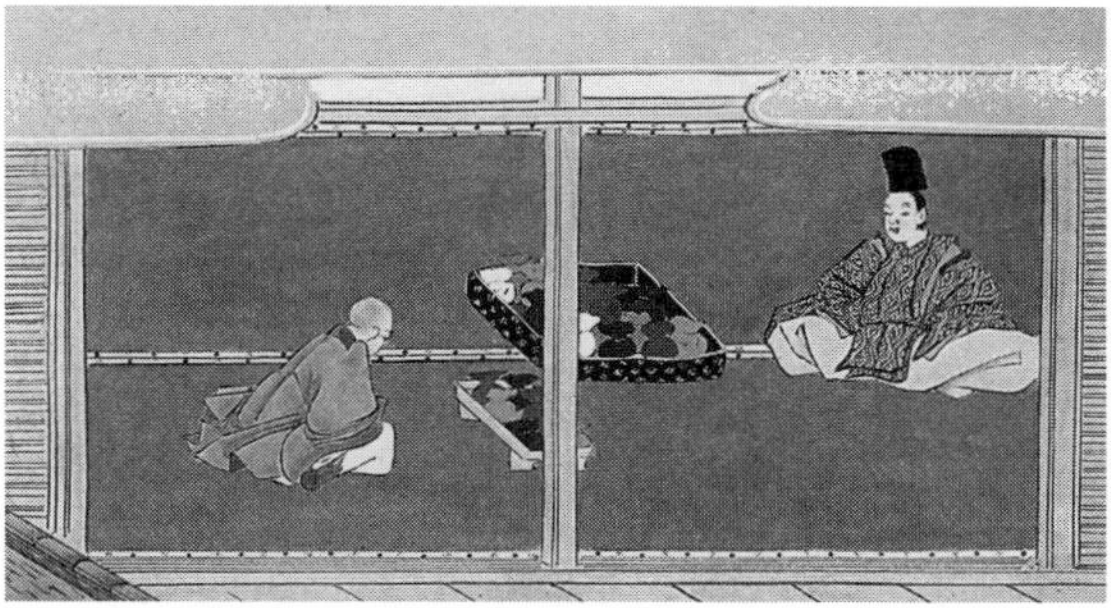

図35　『平家物語絵巻』巻３「金わたしの事」（林原美術館所蔵）　平重盛が妙典に砂金を与える場面

金を送り、自身の後生《ごしょう》を弔わせたとある。この「金《かね》渡《わたし》」の説話は宋の使者と重盛の面会をもとにして生まれた物語であろう。『平家物語』は阿育王山の住持の名を従廓ではなく、従廓に次いで住持となった仏《ぶっ》照《しょう》禅師《ぜんじ》徳光《とくこう》としているが、それは鎌倉期以降の日本で徳光の名が特に有名になり、従廓の名が後世に伝わらなかったためである。また、『平家物語』の異本『源平盛衰記《げんぺいじょうすいき》』では、さらに重盛は砂金とともに檜《ひのき》の材木を阿育王山に送って宝形造《ほうぎょうづく》りの御堂を建てたとされる。この御堂が舎利殿を指すことは明らかであろう。

　承安三年に清盛の返牒を宋に送った貿易船が材木の輸送にも当たったのである。そして、この船には重源

図36　重源（東大寺所蔵）

が同乗していた。彼は材木輸出の責任者としてさらに二度にわたって日宋間を往復して事業を成功に導き、「入唐三度《にっとうさんど》聖人《しょうにん》」と自称した。最後の入宋も二度目の返牒と関係するだろう。こうして、牒状の交換をともないながら進められた阿育王山の舎利殿が竣工《しゅんこう》したのは一一七五年頃のことであった。同年には趙伯圭の後任の沿海制置使魏王《ぎおう》趙愷《ちょうがい》が阿育王山を参詣して舎利を納める宝塔を奉安する金塔を造成している。

その年の末には皇帝孝宗が舎利の宝塔を宮中に召して礼拝《らいはい》するとともに、従廓に仏法の大意を問い「妙智禅師」の号を授けた。そして、明くる正月に宸筆を灑《そそ》いだ「妙勝之《みょうしょうの》殿《でん》」四字の殿額を落成まもない舎利殿に賜っている。舎利殿の修造は宋の帝室と日本の協調のもとで行われた事業だったのである。「妙勝之殿」と記された殿額は今も舎利殿に掲げられている。

このように、後白河と清盛が宋に返牒した背景には、阿育王山の舎利殿修造のための貿

図37　阿育王寺舎利殿（山内晋次氏提供，2012年撮影）

易事業があった。この事業を円滑に遂行する目的から、貴族層の批判を尻目に返牒が行われたのである。

乾道和議と宋金対立

しかし、宋が牒状を日本に送った目的は貿易とは別のところにあった。牒状を日本に送った主体は「明州沿海制置使司」であったが、制置使とは各方面の軍を統帥して国防や反乱鎮圧に当たる地方軍事司令官であり、なかでも沿海制置使は明州の知事を兼任して制置司水軍を統率する沿海防衛の要《かなめ》であった。牒状の使者に水軍使臣が含まれていたのはそのためである。また、日本の返牒を持ち帰った使者に褒賞するよう建言した枢密院も宋の軍政の最高機関である。このこ

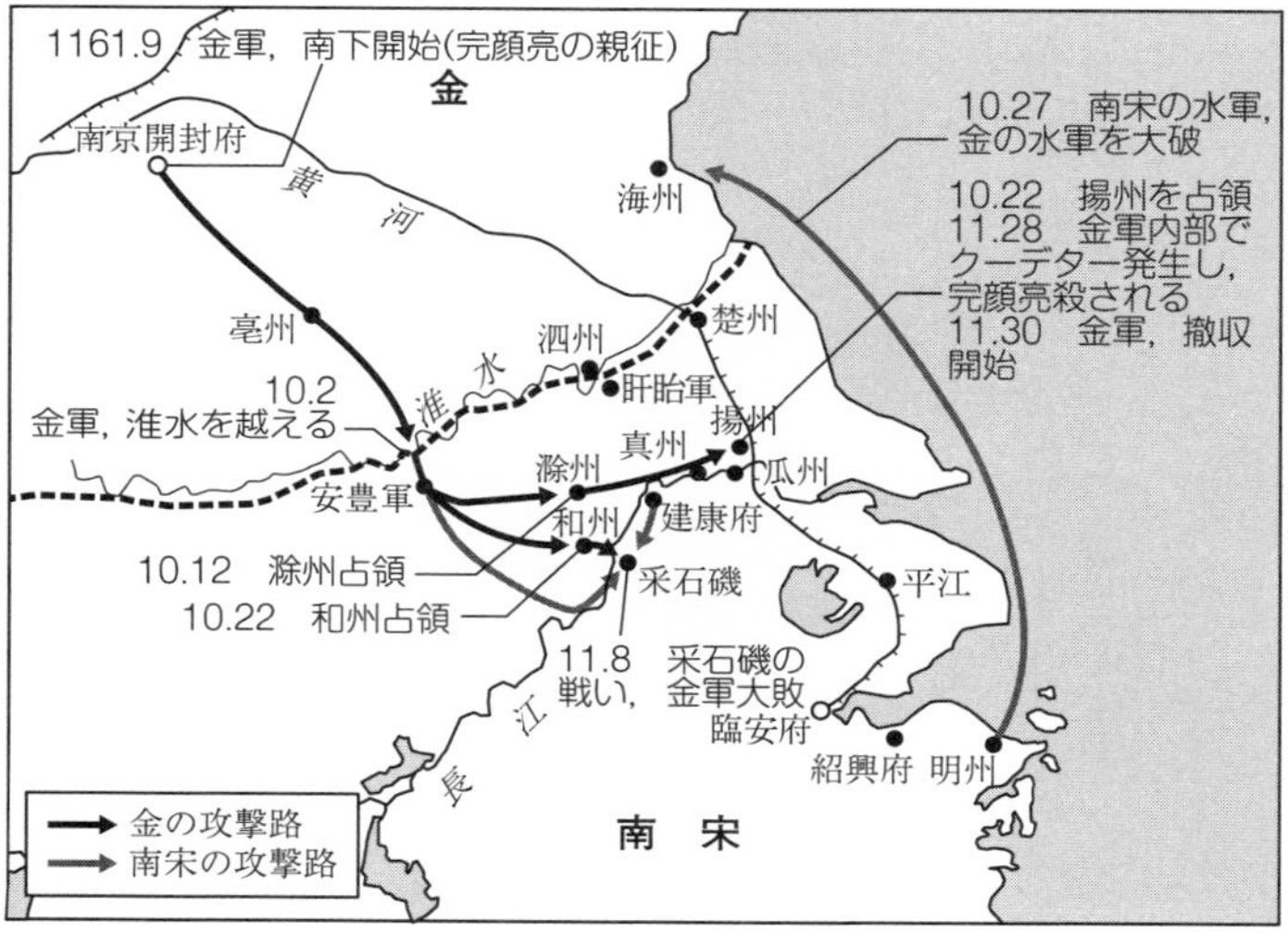

図38　完顔亮の南侵（朴漢済編著・吉田光男訳『中国歴史地図』平凡社，2009年より，一部改変）

とから宋には軍事的な意図のあったことが読み取れる。

当時、宋は金に対して強硬に陵《りょう》寝《しん》（北宋皇帝陵）の所在する河南《かなん》地方の返還と屈辱的な外交儀礼の改定を要求しており、それにともなって両国では軍事的な緊張が高まっていた。その経緯は以下のようなものである。

紹興《しょうこう》和議《わぎ》によって成立した宋と金の和平は一一六一年に金の皇帝完《ワン》顔《ヤン》亮《りょう》（海陵王《かいりょうおう》）が南征の軍を興したことによって破られた。この南征は宋軍の活躍で失敗に終わり、完顔亮は前線で配下の武将に殺害され、勝ちに乗じた宋軍は淮水以北の一部を占領した。さらに、完顔亮に代わって帝位に即いた金の世宗《せいそう》が事態の収拾を図って送った使者との協議によって、翌年には宋帝が金の国書を受け取る儀礼作法も改定された。国書を授受する儀礼を受書礼《じゅしょれい》という。紹興和議では宋が金に対して臣下の礼をとることとされ、宋帝は起立して金帝の起居《ききょ》を問い、玉座を降りて金使から国書を受け取るものとされた。これを改定して今後は宋帝が起立することなく、金使の伴の者が国書を受け取って玉座に座る宋帝に進める「敵国礼《てきこくれい》」（対等国の礼）を用いることになったのである。

その後、一一六五年に講和が成立すると（乾道和議《けんどうわぎ》）、宋金両国の名分関係は君臣関係から叔姪《しゅくてつ》関係（金を叔父、宋を甥とする関係）に緩和され、歳貢《さいこう》も歳幣《さいへい》に改められて銀・絹それぞれ五万が減じられた。しかし、この前年には講和を急ぐ秦檜党《しんかいとう》の宰相《さいしょう》湯思退《とうしたい》によって宋軍の占領した地域が金に返還されており、国境に変化はなかった。また、受書礼も旧に復して、宋帝が起立して国書を受領することとされた。一一六二年に高宗から譲位されて帝位に即いていた孝宗は終生これを悔やみ憤ったという。孝宗にとって儀礼改定と失地回復はまさに悲願であった。

宋金の外交交渉と沿海制置使

一一七〇年、孝宗の信任する主戦派の虞允文《ぐいんぶん》が首席宰相の地位に就くと、すぐさま金に対して陵寝地割譲と受書礼改定を要求する使者が送られた。虞允文は完顔亮の戦役に参謀軍事《さんぼうぐんじ》として従軍して采石磯《さいせきき》の戦いで金軍の長江渡河を阻止した宋軍勝利の立役者であった。しかし、金は宋の要求を拒絶し、かえって三〇万の軍を興すとの情報が宋に伝わる。宋の朝廷の内外は騒然となり、国境の将帥《しょうすい》は慌てて増援を求めたが、虞允文は「金は完顔亮の戦役に懲りて軽挙に出ることはなく、虚声にすぎない」として強硬姿勢を崩さなかった。

以後、数度にわたって交渉が行われ、その都度、国境や沿海の防備が図られた。二度目の交渉が不調に終わった一一七一年には、孝宗が詔《みことのり》を発して水軍に訓習を命じている。その内容は、平江府《へいこうふ》の許浦鎮《きょほちん》（江蘇省《こうそしょう》蘇州市《そしゅうし》常熟市《じょうじゅくし》滸浦鎮《こほちん》）に置かれた御前水軍《ごぜんすいぐん》と明州定海県《ていかいけん》（寧波市鎮海区《ねいはしちんかいく》）の沿海制置司水軍に命じて、長江《ちょうこう》河口から杭州湾東の舟山群島《しゅうざんぐんとう》東端の神前山《しんぜんさん》（嵊山島《しょうざんとう》）・海驢礁《かいりょしょう》（海礁列島）に至る海域の昼夜の巡視体制を構築することであった。また、さらに福州《ふくしゅう》・泉州《せんしゅう》（福建省《ふっけんしょう》）・潮州《ちょうしゅう》・広東《かんとん》（広東省）などの艦船を明州に駐留させて海防の強化も図っている。

そうしたなか、金からの投降者によって金と高麗とが同盟を結んで侵攻するとの真偽不明の情報が伝わると、沿海制置使趙伯圭は戦艦を整え、厳しく軍事調練を行って軍声を張り、徐徳栄《じょとくえい》という商人を高麗に派遣して敵情視察させることで、高麗に対する懸念を払拭したという。

徐徳栄は完顔亮の戦役後の一一六三年にも高麗に派遣されたことがあり、国王毅宗《きそう》に宋

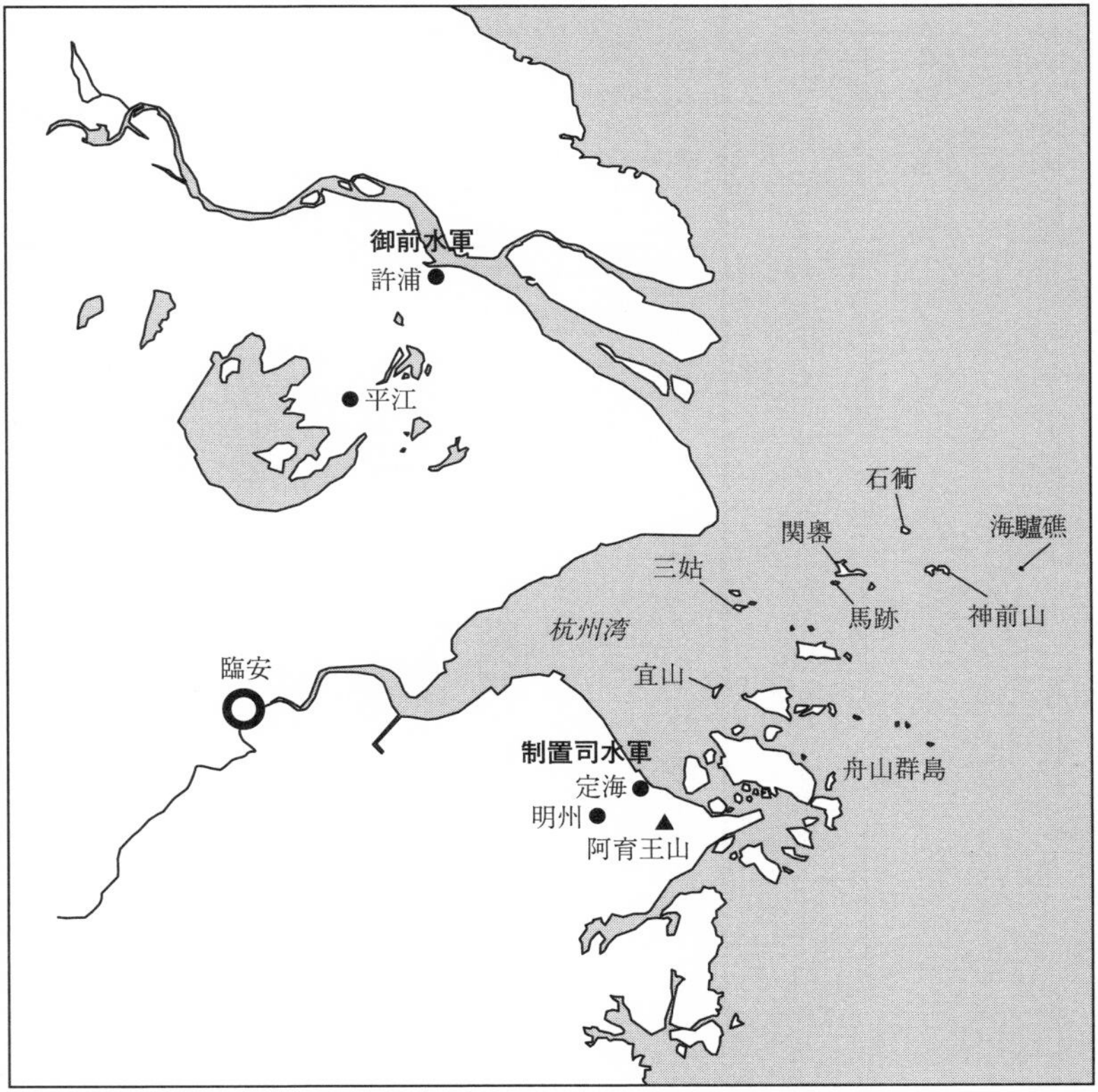

図39　制置使水軍・御前水軍巡視海域図（『皇宋中興両朝聖政』乾道七年三月乙亥朔条および『宝慶四明志』巻七・敍兵・制置司水軍 による）

帝孝宗の密旨を伝えて宋と高麗のあいだを仲介した。ところが、その毅宗は一一七〇年に武臣の鄭仲夫《ていちゅうふ》らが起こしたクーデターによって殺害され、弟の明宗《めいそう》が国王に擁立《ようりつ》された(庚寅《こういん》の乱)。明宗はこの即位を譲位によるものと偽って金に伝え、冊封《さくほう》を求めた。金は簒奪であることを見破っていたが、一一七二年三月にはこれを認め、五月に明宗は金から冊封を受けている。金としては、執拗に外交要求を突きつけてくる宋を牽制するためにも、簒奪をあえて不問にして、高麗との関係の維持を優先したのであろう。

『高麗史』によれば、徐徳栄の高麗派遣はその翌年の一一七三年六月のことであった。宋が入手した金と高麗の同盟の情報とは、宋と結ぶ毅宗を暗殺した高麗の武臣政権と金との関係を指すと考えられる。

沿海制置使趙伯圭の牒状が日本に届いたのは金が高麗国王明宗を冊封したすぐあとの一一七二年九月であり、日本の返牒が宋に届いたのは趙伯圭が徐徳栄を高麗に派遣する直前の一一七三年五月である。また、徐徳栄は皇帝孝宗が宮中に召した阿育王山の舎利の宝塔と「妙勝之殿」の殿額を奉じて帰山する従廓を阿育王山まで送り届けた商人でもあり、舎利殿修造とも関わりを持っていた。

これは偶然ではあるまい。宋は、金と結ぼうとする高麗を牽制する目的で、ちょうど阿育王山の舎利殿修造の事業を進めていた日本に牒状を送り、その返牒を得て徐徳栄を高麗に派遣したと考えることができる。ただしそれは、必ずしも日本に何か軍事的な援助を期待するものではなかっただろう。日本が宋と友好な関係を結ぶことそれ自体が、高麗に対して、金が劣勢となった場合には孤立を招くという金との同盟のリスクを意識させる圧力となるのである。

宋はこのようにして外交戦略の視野のなかに日本も収めながら、金との厳しい交渉を続けていた。しかしその要求が実現することはなく、一一七五年を最後に交渉は打ち切られた。

外交における後白河・清盛政権の歴史的位置

以上を踏まえて、後白河・清盛政権の外交の歴史的な位置を考えてみよう。

戦前・戦後の歴史学の古典的見解の最良の総括と評された竹内理三《たけうちりぞう》氏の概説『日本の歴史6武士の登場』（中央公論社、一九六五年／入間田《いるまだ》宣夫《のぶお》「解説」、中公文庫、中央公論新社、二〇〇四年再刊）では、「わが国では遣唐使停止以来、外国との国書の交換や外国使臣をうけいれないことを国法として、宋からの国書にたいして返書をおくることはなかった」として、清盛が宋に返牒したことを「保守的な貴族」の「空疎な体面論をしりぞけ、（外国貿易の）実利をとっ」たものと高く評価している。そして、この外交は以後の研究においても清盛が主導した「開国的」「開明的」な政策と論じられることが多い。そこには、貴族の政治を因習に囚われた克服されるべきものととらえ、武士を新たな時代を切り開く変革の主体として位置づける「古典的」歴史観が横たわっている。

しかし、貴族の政治を無意味なものとして捨て置くべきでないことはプロローグで述べた通りであり、本書では時々の政策の持つ「意味」をあらためて考え直してきた。また、平清盛の対外政策もそれほど特別視できるものかどうか疑わしい。彼の貿易への関与は平氏が単独で行ったものではなく、後白河法皇の後援を受けたものであった。清盛の父の忠《ただ》盛《もり》や、子の重盛が貿易に関与したのも、実は院領荘園の預所や院御厩《いんのみうまや》の預《あずかり》（忠盛）・別当《べっとう》（重盛）という院の家政機関の一員としての立場によるものである。院御厩とは院の飼育する馬を管理する組織で、代々平氏がその任に当たり、駿馬《しゅんめ》調達のために産地の陸奥国と遠隔地交易を行うなかで輸出品となる砂金も同国から取り寄せて貿易に当たったことは『平家物語』の金渡の説話に反映されている。貿易自体、清盛の台頭以前から院や平氏に限らない様々な主体によって行われてきたことは、すでにいくつかの事例で紹介してきた通りである。

清盛の返牒はどうだろうか。本書の読者は、竹内氏が「宋からの国書にたいして返書をおくることはなかった」と述べたことが事実に反することにすでに気づいているだろう。

承保四年（一〇七七）、永保二年（一〇八二）、保安二年（一一二一）の三回にわたって、日本は宋からの贈り物を受領して返牒と返礼の品を送ったのである。とはいえ、朝廷に宛てたものでない場合には返牒しないことも多かったから、皇位を退いた後白河法皇とその側近の平清盛に宛てた牒状に対して返牒したのは、その先例と異なっている。しかしそれも、呉越《ごえつ》国王から大臣に宛てられた書状と贈り物に対して返礼した先例がある。この時の牒状の交換は沿海制置使趙伯圭と「日本国太政大臣《だいじょうだいじん》」平清盛（沙門静海《しゃもんじょうかい》）とのあいだで交わされたことであって、国家としてのものではなかった。それを「開国」というのは、いささか語弊があろう。

ただし、呉越国王の書状と贈り物に対しては、天皇宛ての贈り物は返却して大宰府から受領拒否の返牒を送り、あえて大臣のみが贈答を行うことで国家の意志を示したものだった。しかし、清盛の返牒はそのような意識を欠き、実利的というより利己的な対応であった。貴族層が体面にこだわるのは国家としての意志を重視するためであって、反発するのも無理はない。

後白河・清盛の国際感覚

また、清盛は宋の使者を福原まで呼び寄せながら、自身は護摩にかまけて代理の重盛に面会させ、宋人を怒らせたという。これは果たして「開明的」な国際感覚の持ち主の所業であろうか。

宋が日本に牒状を送った背景には金との外交交渉にともなう軍事的な緊張があった。しかし、日本はどの程度そのことを認識していたかははなはだ怪しい。日本に残る史料からは当時の国際情勢は少しも伝わってこない。宋が高麗や日本をも視野に入れながら金と激しく交渉の鍔迫《つばぜ》り合《あ》いを繰り広げていたことなど、後白河や清盛は知る由もなかっただろう。その国際認識は貴族とそれほど大きく異なるものではなかった。対外的軍備の欠如によって政治外交から離脱したままであった当時の日本にとって、宋金対立を軸とした東アジアの国際政治に主体的に関与していく動機は乏しく、せいぜい貿易事業の円滑な推進くらいしかメリットはなかったのである。それは、後白河・清盛政権もまた、当時の日本社会の枠組みに規定された存在である以上、当然のことであって、それ自体は彼らの責任ではない。ただ、そこに貴族にはない先進性を見出して過剰に強調するのは、いきすぎた評価と言わざるをえない。

むしろ、清盛の返牒がそれまでの異国牒状への対応と著しく異なるのは、貴族政権の国家機構を媒介としていないことにこそある。

従来は、異国から牒状や贈り物が届けば、外記《げき》や諸道博士《しょどうはかせ》に先例を勘申《かんじん》させ、公卿議定《くぎょうぎじょう》による審議を経て、天皇と摂関（あるいは院）が返牒の可否を決定し、大宰府から返牒していた。そのようにして天皇や摂関、院は貴族政権の基盤の上に立ち、貴族の意見を汲み上げて政治を運営し、国家としての外交姿勢を示してきたのである。ところが清盛の返牒は、右大臣藤原兼実《うだいじんふじわらのかねざね》が陣定《じんのさだめ》で議論すべきだと批難しているように、公卿議定を開くことなく「内々」に後白河と清盛の週辺で決定・実行され、国家機構を通じて返信することなく、清盛個人の名義で出された。これは、彼らの「開明的」な国際感覚によるというよりも、後白河院政の性格に起因している。

先に述べたように、その特徴は側近政治にあり、貴族政権を束ねる摂関家の統率力は弱体化していた。平氏は清盛以来、多くの公卿を輩出して一門が貴族の仲間入りを果たしたものの、朝廷の政務には疎《うと》く、摂関家に代わって貴族政権を統率することはできなかった。いきおい、その政治は貴族が蓄積してきたノウハウを無視した専断となり、不満や反発による軋轢《あつれき》を様々な場面で生じさせた。政権運営はとかく安定を欠きがちで、やがて平氏の軍事独裁化を経て治承《じしょう》・寿永《じゅえい》の内乱へと突入していくのである。

王朝貴族の外交のゆくえ——エピローグ

平安貴族の対外意識

本書では、平安時代、とりわけ十世紀以降の摂関期《せっかんき》、院政期《いんせいき》と呼ばれる時代の日本の貴族による外交の実態をみてきた。

日本は十世紀初めの大陸・朝鮮半島諸国の興亡のなかで「積極的孤立主義」をとって政治外交から離脱した。それ以前にすでに対外的常備軍（律令軍団制《りつりょうぐんだんせい》）を解体していた日本が諸外国と関係を結んで動乱の渦中に身を投じる選択肢はなかったのである。それは、外交関係のなかに何らかの国家的な利益を求めようとする姿勢の放棄でもあった。以後、どの国との関係も受け身で、日本から率先して遣唐使《けんとうし》のような外交使節を送ったり外交文書を送致したりしないのはそのためである。注意したいのは、唐の衰亡によって遣唐使の派遣を「廃止」ないし「停止」した結果、周辺諸国との外交関係がなくなったのではない、ということである。使節の派遣が途絶えたのも国際政治から離脱したことにともなう結果の一つであって、その原因ではないのである。

また、特に朝鮮半島との関係において、その根底には三韓征伐史観《さんかんせいばつ》があった。本来、この歴史認識は新羅《しらぎ》に服属を要求する政治説話であったが、対外的常備軍を解体して以降はむしろ服属を逆恨みする新羅（とその後身の高麗《こうらい》）という恐怖心を生み出し、その脅威に直面するたびに神明に加護を祈る神国思想となって表れた。

異国から届いた牒状《ちょうじょう》に対する貴族の反応は、現代の視点では体面ばかりを問題にする全く無意味で偏狭《へんきょう》なものと映《うつ》るかもしれない。しかし、その背景にはこのような事情があった。特に対外的軍備の欠如は積極的に外交を結ぶ動機を失わせただけでなく、国家として侮《あなど》りを受ければ侵略を招きかねないという不安を抱かせた。体面にこだわる理由の一端がここにある。

そしてまた、国際社会から遊離した閉じた社会のなかで、前代以来の中国文明への憧憬はやがて自己の文化をそれと同等とみなす自意識を肥大化させていく。しかしそれはコンプレックスの裏返しでもあり、それが見透かされることを「恥」として厭《いと》う観念がより一層、外に対して虚勢を張り自閉する姿勢を生み出していくのである。

図40 『蒙古襲来絵詞』（宮内庁三の丸尚蔵館所蔵）

蒙古襲来と日本社会

このような貴族の対外意識に基づく外交のあり方はその後どのようになっていくのだろうか。最後に、鎌倉時代《かまくらじだい》の最大の対外的事件である蒙古襲来《もうこしゅうらい》（元寇《げんこう》）をとりあげて展望してみよう。

「蒙古」すなわちモンゴル帝国の皇帝クビライは軍事力によって高麗を屈服させると、日本に国書を送って中華皇帝としての威徳を示し、日本の使者の来朝をうながした。しかし、日本はこの呼びかけに応じることなく国書を無視し、その結果、文永《ぶんえい》十一年（一二七四）と弘安《こうあん》四年（一二八一）の二度にわたる軍事侵攻を招いた。治承《じしょう》・寿永《じゅえい》の内乱を経て国家の軍事権を掌握した鎌倉幕府は水際《みずぎわ》でこれを撥《は》ね除《の》け、以後、九州では御家人《ごけにん》らを交替で博多湾《はかたわん》の警備に当たらせる異《い》国警固番役《こくけごばんやく》が課されることとなった。

京都の朝廷もまた、神事興行《しんじこうぎょう》に努めて神仏に異国降伏の祈りを捧げた。モンゴル軍の撤退は「神風《かみかぜ》」によるものと信じられ、この未曽有《みぞう》の対外戦争は神明の加護に安全保障を求める平安時代以来の神国思想がその後の日本社会に広く深く根を下ろす契機となった。

モンゴル軍には服属した高麗の軍も加わっていたことから、高麗に対する「敵国」意識もより先鋭化していく。蒙古襲来後に石清水八幡宮《いわしみずはちまんぐう》で成立した八幡神の霊威を説く『八幡《はちまん》愚童訓《ぐどうくん》』甲本《こうほん》では、神功皇后の出兵の契機となった仲哀天皇《ちゅうあいてんのう》の死は異国の襲来によるものとされ（春日《かすが》の神威を説く『水鏡《みずかがみ》』前田家本《まえだけほん》では新羅の呪詛《じゅそ》によるとする）、その仇討《あだう》ちとして神功皇后《じんぐうこうごう》が「敵国」を帰伏させて「新羅は日本の犬となった」とするように、強烈な蔑視《べっし》をまとうようになる。そして、神変を生じて敵国の侵略を防ぐとされてきた八幡神の加護は具体的に、筥崎宮《はこざきぐう》から出現した白張装束《しらはりしょうぞく》の神兵がモンゴル軍を撃退した「大菩薩《だいぼさつ》の御戦《おんいくさ》」として語られ、国土を守護する神々の霊威は以後、ますます宣揚されていくのである。

モンゴルの国書と朝廷・幕府

この蒙古襲来に先立ち、モンゴルからは再三にわたって日本を招諭《しょうゆ》する外交文書が送られている。最初にモンゴルの外交文書が日本に届いたのは文永五年（一二六八）正月で、高麗が使者に立てた潘阜《はんぷ》が大《だ》宰府《ざいふ》に到り、モンゴル皇帝の国書と高麗国王啓《けい》に自身の書状を添えて日本に献じた。鎌倉

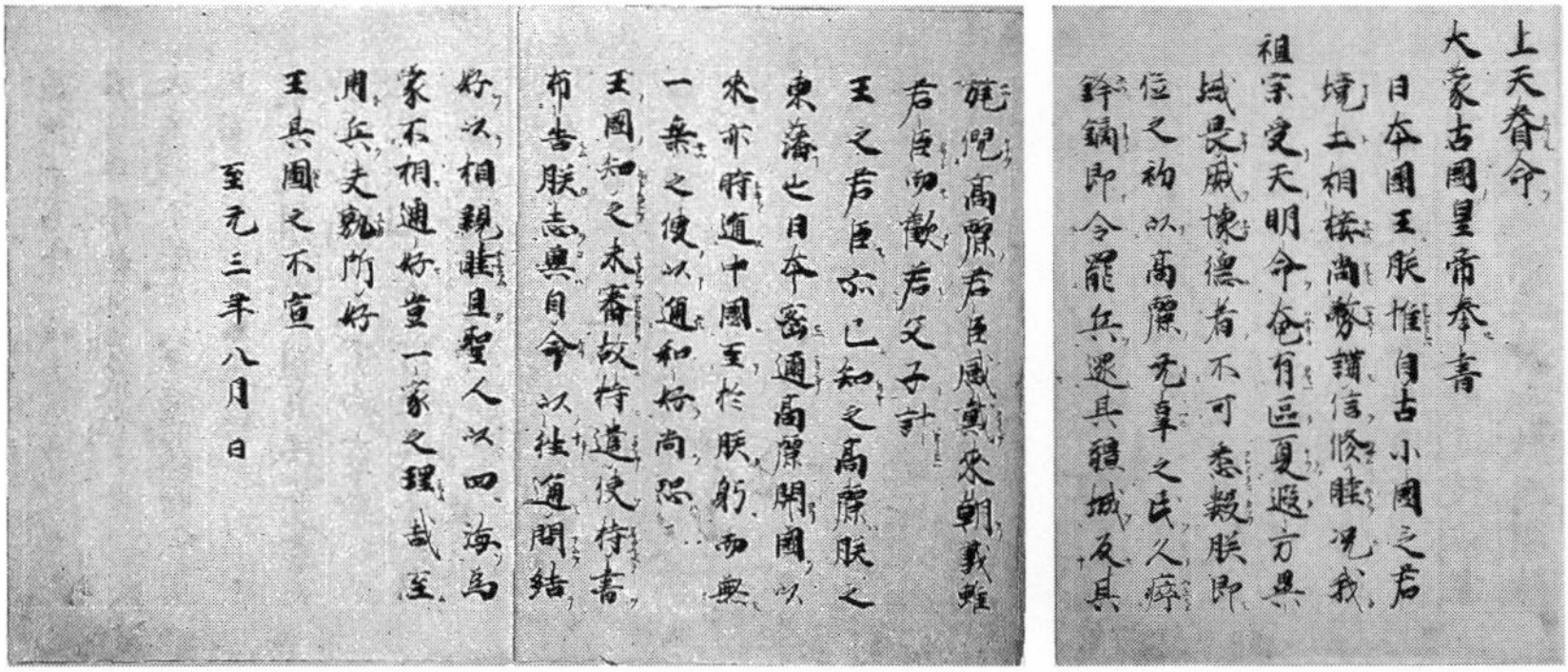

図41　至元三年（1266）八月日大蒙古国皇帝国書写し（東大寺所蔵）

時代の大宰府は幕府の御家人で守護《しゅご》の武藤氏《むとうし》が現地最高責任者の少弐《しょうに》を兼ねており、それらの文書はまず鎌倉の幕府に送られ、そのうえで外交において国家を代表する立場にある京都の朝廷に回された。

そのモンゴル皇帝の国書は「上天眷命《じょうてんけんめい》（とこしえなる天の力によりて）、大蒙古国皇帝、書を日本国王に奉《たてまつ》る」と書き出したものであり、「書を奉る」という書式を用いることで日本に対する敬意を表していた。文末を「意を尽くしていない」の意味で結ぶ結句の表現にも両者の関係性によって違いがあるが、この国書に用いられた「不宣」は対等な立場を示すものであった。後年、文永の役後に送られた国書も「大元《だいげん》皇帝、書を日本国王に致《いた》す」という対等な間柄で取り交わす致書《ちしょ》の形式が用いられている。モンゴルとしては、日本を一方的に臣下とみなすことはせず、鄭重に扱う態度を示したつもりだったという。

国書の内容は、蒙古の祖宗《そそう》（チンギス・カン）が天命を受けて天下を領有して以来、その威を畏《おそ》れ徳に懐《なつ》く者は数え切れず、高麗もその威徳を感戴《かんたい》して来朝しており、その義は君臣であるが歓《よしみ》は父子《ふし》のごとくであると述べ、隣接する日本にも通好を呼びかけて親睦を求めるものであった。ただし、その末尾には「兵を用いることを誰が好むだろうか。王はよく考えよ」という威嚇《いかく》文言が添えられていた。これに対して朝廷は返牒《へんちょう》しない決定を下し、幕府もまた、二月には西国《さいごく》の御家人に蒙古の襲来に備えるよう通達を出している。

次いで翌年の文永六年にも、今度はクビライの命をモンゴルの中央官庁が伝達する形式の大蒙古国中書省牒《ちゅうしょしょうちょう》が日本国王殿下宛てに送られてきた。その使者は高麗の金有成《きんゆうせい》・高《こう》柔《じゅう》らであった。中書省牒の書式は文末を「謹んで牒す」で結ぶ対等な体裁となっていたが、内容は「喜んで帰順して来春までに重臣を派遣し、表《ひょう》を奉って事大《じだい》の礼を尽くすように。そうすれば高麗の例のように手厚く処遇しよう」と臣属を求めるものであった。末尾にはやはり威嚇文言が添えられ、「使者の来朝がなければ皇帝は怒り、出師《すいし》を命じて戦艦一万艘の軍隊が王城を制圧するだろう。臍《ほぞ》を噛《か》んで後悔することになる。利害は明らかであるから、殿下は再度よく考えるように」と、より強い口調で警告している。

これに対して朝廷では返牒することを決め、明くる文永七年正月に菅原長成《すがわらのながなり》が中書省宛ての太政官牒《だいじょうかんちょう》を起草した。この返牒では、「蒙古」の号は聞いたことがなく、日本と中国との外交も中絶しているため、突然に親睦を求められても真意を判断できず、人や物の行き来のない貴国の好悪は知る術《すべ》がない、として使節派遣の要求には明確な返事をせず、ただ武力を用いようとする態度に対してのみ、皇帝の威徳・仁義を言い募りながら、かえって人々を殺傷しようとは何事かとたしなめて、日本は蒙古と一・二を争う気はない、よくよく思量されたいと述べている。その牒状の書式は文末を「故《ことさら》に牒す」で結ぶ上意下達の形式であり、臣従を受け入れない自立した態度を示している。朝廷としては、このように婉曲に回答を保留して相手の出方を伺い、真意を確かめようとしたようである。

朝廷はこの返牒を幕府に送って確認を求め、問題なければ大宰府に送付するよう依頼した。しかし、幕府は前回と同様に返牒すべきでないと結論し、この返牒は使者に交付されることなく終わった。翌文永八年にもモンゴルの国信使《こくしんし》趙良弼《ちょうりょうひつ》が高麗使張鐸《ちょうたく》をともなって来日して新たな国書を持参したものの、回答期限が極めて短かったこともあり、結果は同じであった。こうして、再三にわたってモンゴルの要求を無視し続けたことで、軍事衝突へと至るのである。

日本の態度の背後事情

なぜ日本は頑《かたく》なにモンゴルの要求に従わなかったのだろうか。

菅原長成が起草した返牒に「外交中絶」とあったように、日本は平安時代以来、長く政治外交の場から離脱しており、主体的に国際社会に関わろうとはしなかった。当時の日本にとって中華帝国とは、文永の役の時点ではまだ健在だった宋《そう》であり、その宋に対してすら、皇帝の国書に天皇が直接に応えることはしてこなかった。ましてや得体の知れないモンゴルである。その要求に応えて関係を結ぶ動機が、日本の側にはそもそも存在しない。このことは大前提として認識しておく必要があるだろう。

それに加えて、モンゴルの国書には「兵を用いる」可能性を示唆する威嚇文言が記されていた。このような文言はモンゴルの命令文書では一般的にみられるもので特別な意味はなく、それを理由に外交を拒絶するのは日本側の過剰反応にすぎないという意見もある。しかし、石井正敏氏が指摘するように、モンゴルとその周辺の遊牧社会では普通の表現であっても、その文化・価値観を共有していない相手にそのまま通用するわけではない。文章表現の意図は、文書のルールを共有して初めて了解されるのであって、共通の土台を持たない日本が威嚇文言を恫喝・脅迫と受け止めて警戒心を抱くのは当然のことであった（『ＮＨＫさかのぼり日本史　外交篇［８］鎌倉「武家外交」の誕生』ＮＨＫ出版、二〇一三年）。そして実は、その威嚇文言が形だけのものではないと考える相応の理由が日本にはあった。

明経家《みようぎようか》として太政官の文殿《ふどの》に属して朝廷に仕えた中原師種《なかはらのもろたね》の日記と推定される『新抄《しんしよう》』という史料がある。モンゴルの国書が大宰府に届く少し前の文永四年（一二六七）十一月二十五日の記事に「高麗牒状、到来す。蒙古国、高麗を打ち取り、また日本を打つべしの由《よし》と云々《うんぬん》」とある。これが日本の史料に初めて「蒙古」が登場した記録である。この高麗牒状は潘阜が持参した文書を指すと考えられている。潘阜が大宰府に到着する前、対馬に到った時点で朝廷に第一報が届けられたのであろう。

ただし、潘阜の持参した高麗国王啓やそれに添えた彼の書状は、高麗がモンゴルの仁徳に浴して臣事したことを告げるとともに、モンゴルの皇帝が日本と通好することを求めていて、そのほかに異心はないことを日本に伝え、使者の派遣をうながす内容であり、『新抄』の記事とは趣きがずいぶんと異なっている。『新抄』が言う「蒙古国、高麗を打ち取り、また日本を打つべし」とは、これらの文書に基づく認識ではないのである。

潘阜は書状で「我が国（高麗）は兵乱に見舞われて落ち着きませんでしたが、幸いにも今ではモンゴルの皇帝が寛大な仁徳で人々を統御し労《いたわ》っており、その恩に頼ることで久しく平穏であることは、貴国（日本）の（高麗に）往来する人々がよく知るところです」と述べているが、何とも白々しい言い方ではないか。実際にはその兵乱とはモンゴル軍によるもので、高麗は長年にわたる侵攻に屈して臣属したのである。潘阜が言うように高麗に行き来する日本人が事情を知っているのであれば、書状に言うモンゴル皇帝の仁徳なるものは虚構だということも分かっているはずであろう。

鎌倉時代の高麗と対馬のあいだには嘉禄《かろく》三年（一二二七）に結ばれた歳遣船《さいけんせん》二艘の進奉《しんぽう》約定《やくじょう》があり、高麗は金州に館舎を設けて対馬の商人を受け入れていた。潘阜によれば、高麗は当初、モンゴルと日本の無用な衝突を避けるために、金州の館舎を壊して日本との関係を隠そうとしたという。当時も日本からの人の行き来があったらしい。

三度目に来日した使者の趙良弼に同行した高麗使の張鐸が日本の返事を待つあいだに大宰府守護所の使者をともなって帰国し、モンゴルに守護武藤資能《むとうすけよし》の言葉を伝えているが、それによれば資能は「先に高麗がしばしばモンゴルが日本を征討すると言ってきた（そのためモンゴルを疑っていた）」と述べている。対馬には商人を通じてある程度、高麗の状況が伝わっていたのであろう。そのため対馬では、表面上は通好を求めるだけの使者に接して、実際には高麗がモンゴルに征服されたのだと受け止め、次の標的は日本だ、と朝廷に第一報を知らせたのである。後日、モンゴルの国書が大宰府守護所から鎌倉の幕府に届けられる途中、京都の六波羅探題《ろくはらたんだい》を経由するなかで情報を漏れ聞いた京の人々は「異国の賊徒が日本にやってくる」と噂《うわさ》した。

幕府・朝廷の警戒心

第一報が朝廷に伝わってから一ヵ月後、国書が大宰府に届く直前の文永四年（一二六七）十二月に幕府が御家人の所領の質入《しちいれ》と売買および他人への譲渡を禁じていることも見逃せない。これは幕府が出した制令としての最初の徳政令《とくせいれい》とされるもので、御家人制の基盤である所領の喪失を防ごうとするものであり、一般的には経済的に困窮する御家人を救済するための措置と説明されるが、なぜこの時点に、何を契機として、御家人の保護が打ち出されたのか、その根本的な理由を史料は何も語らない。しかし、よく知られるように幕府と御家人は〈御恩と奉公〉の関係で結ばれており、幕府が御家人の所領を安堵《あんど》し保護すること（御恩）は、御家人が将軍に対して軍役《ぐんやく》を奉仕（奉公）することの見返りであり、そのために必要な経済基盤の保障であった。この基本原理に立ち返って考えれば、モンゴルによる高麗制圧の一報が届いてすぐに初の徳政令が出された意図も、今後に予測される軍役賦課に備えたものという推測が成り立つであろう。

朝廷においても、最初のモンゴルの国書を審議するなかで、返牒の有無や祈禱とともに「徳政」が検討されている。その内容は「雑訴沙汰《ざつそさた》」と「神事興行」であり、異国降伏の祈禱の対象となる二十二社の一つであった広田神社《ひろたじんじゃ》（兵庫県西宮市《にしのみやし》）の未決の訴訟に裁断を下して神事の興行を図っているように、所領を保護する徳政は御家人や神仏を国防に動員するための経済的保障であった。そのことについては、蒙古撃退後に鎌倉幕府が発布した鎮西諸社の神領《じんりょう》興行令（徳政令）を異国降伏の祈禱の見返りであるとした瀬野精一郎氏の指摘も参考になるだろう（「鎌倉幕府による鎮西特殊法について」『鎌倉幕府と鎮西』吉川弘文館、二〇一一年）。

つまり、幕府もまた事前に異国の侵略を警戒していたのであり、はたせるかな、そこに威嚇文言を含むモンゴルの国書が到来した。日本は初めから、モンゴルが親善友好を求めてきたとは考えておらず、武力による服属強要の意図があると疑っていたのである。

だとすれば、日本にとって考えうる選択肢は二つ。モンゴルの軍事力を恐れて高麗のように屈従することを甘んじて受け入れるか、さもなくば徹底抗戦するかしかない。前者を良しとしないかぎり、モンゴルの要求を受け入れる余地は最初からなかったと言わざるをえない。返牒しようとした朝廷もモンゴルに臣属する意志があったわけではなく、軍事力の行使を咎《とが》めて様子をみようとしたのであったが、モンゴルが対等な関係を容認しないなら、その場しのぎの先延ばしにしかならず軍事衝突は避けられない。幕府が返牒の送付を見送ったのも、そのような判断があってのことであろう。

鎌倉時代の日本は内乱を経て武士の武力が広く社会に存在し、それを主従制で組織した幕府が政治権力を握る時代となっていた。「国中、戦闘を習わず」と言われ、国防は主として神仏の加護に期待していた平安時代とはその点で異なっていた。

日本史の地政学的特質

そしてなによりも、日本列島と大陸・朝鮮半島は海で隔てられていて、国を守りやすい条件が整っていた。日本への軍事侵攻を成功させるためには、早期に日本の軍事拠点である博多《はかた》と大宰府を落とし、そこに橋頭堡《きようとうほ》を築いて安全を確保する必要がある。そうしなければ、海上を経由して伸びきった戦線を長期間にわたって維持することは難しい。幕府軍が勝利できた理由がここにある。それほどまでに海という障壁は大きかった。

それにもかかわらず、日本を攻撃するメリットは少ない。朝鮮半島が大陸の南北二大勢力の利害の衝突する場であったのに対して、日本は大陸の政治勢力から遠く離れた辺縁の島国にすぎない。日本の回答を得られずに帰国した趙良弼は「日本人は礼義を知らないため使役するのが難しく、土地は山と川ばかりで耕地が少なくて富になりません。まして常に渡海の危険性があり、労力に見合わないでしょう」と、日本遠征は益なしとする意見を述べている。

実際、長い日本の歴史のなかで、日本の国土が戦場となることはほとんどなかった。日本が経験した対外戦争の多くは国外を戦場としている。古くは広開土王碑《こうかいどおうひ》に記された朝鮮半島での高句麗《こうくり》との戦いがあり、百済《くだら》の復興を目指した白村江《はくそんこう》《はくすきのえ》の戦いもその戦場は半島だった。戦争には至らなかったが、奈良時代の日本の軍事力は新羅に向けられ、新羅の征討が計画された。そのほか、豊臣秀吉《とよとみひでよし》の朝鮮出兵や近代日本の日清《にっしん》・日露《にちろ》戦争、第一次大戦、日中戦争から太平洋戦争に至るまで、日本軍の主戦場は海外である。日本の国土が他の国家から攻撃を受けたのは、蒙古襲来のほか、朝鮮王朝《ちょうせんおうちょう》が対馬《つしま》に侵攻した応永《おうえい》の外寇《がいこう》など数えるほどしかなく、それも国土の周縁部での出来事であった。日本の中心部が本格的な攻撃にさらされたのは、科学技術が発達して地理的な障壁が小さくなった太平洋戦争末期の空襲まで下る。

海で隔てられた大陸の辺縁に位置するという日本の地政学的な条件が、他国の侵略をほとんど受けることがないという日本史の特質を生み出した（現代には必ずしも当てはまらないが）。対外戦争は主として日本が外部に政治権力を及ぼそうとしたときに発生している。そうでないかぎり、海の障壁で守られた日本にとって外部からの脅威は相対的に小さかった。大陸の政治的紛争に日本を引き込もうとする諸国の要求は拒絶して外交を最小限にとどめ、「敵国」の侵略を恐れながらも、神々がその脅威から国土を守ってくれると信じていれば大抵の場合は事足りたのも、この障壁があればこそである。

一方で、中国商人が海上貿易の担い手として登場すると、必要な物資や文物は王朝相互に定期的な外交関係が成立していなくても入手することができるようになり、その貿易船に便乗して人と人とが行き来することも可能となった。日本にとって海は、政治的には他国の軍事的脅威を遠ざける障壁として機能し、文化的・経済的には日本と大陸を結びつける回廊の役割を果たした。日本とモンゴル（元）とのあいだに外交関係が成立することはついになかったが、二度の軍事衝突のあとも不臣《ふしん》の貿易国として、交流が途絶えることはなかったのである。

東アジア世界論

戦後、日本の歴史学に大きな影響を与えた学説に東洋史家の西嶋定生《にしじまさだお》氏が提唱した東アジア世界論がある。西嶋氏は「東アジア世界」という中国を中心とする自己完結的な文化圏を設定し、それを、中国王朝と結ばれた冊封《さくほう》などの政治的関係に媒介されて中国文明が伝播・拡延《かくえん》した政治的・文化的世界として論じた。

西嶋氏によれば、この中国を中心とした国際的政治秩序としての古代の東アジア世界は唐の滅亡によって崩壊し、十世紀以降、中国の王朝に対抗する国々が現れて中国の中心性が失われたことで、周辺諸国は政治的・文化的に独自の歩みを始めたとされる。しかし、それによって中国中心の歴史世界が雲散霧消したわけではなく、唐代以来の中国の経済的発展に支えられて、以後は経済的交易圏としての東アジア世界が立ち現れるという。当初、その交易圏は秩序を維持する政治機構を欠いていたが、やがて明《みん》王朝によって秩序づけられて再編されると論じられている（『古代東アジア世界と日本』李成市《リソンシ》編、岩波書店、二〇〇〇年）。

今日、この学説に対しては様々な意見があるが、西嶋氏は唐帝国の国際秩序の崩壊のその後については議論の主軸を経済に移し、政治構造という一貫した視点で論じることはしなかった。それは中国を中心とする歴史世界としての「東アジア世界」を所与の前提としたがために、その構造が多元化して中国中心の政治的関係性として説明できなくなる十世紀以降には、中国の中心性を説明する別の論理が必要だったからである。

しかし、西嶋氏も指摘するように、唐の滅亡後も中国と周辺諸国のあいだに政治的関係が失われたわけではない。中国王朝のプレゼンスの低下と周辺諸国の勃興によって、その後の国際関係が南の中華世界と北の遊牧世界の対抗を軸に展開していくことは本書でも折に触れてみてきた通りである。そして、その関係性は必ずしも経済問題を基底とするわけではなく、南北相互の名分関係や領土をめぐる対立があり、その南北対立に挟まれた高麗をどちらが帰属させるかといった周縁の国家との関係もあった。

中国文化の影響を抜け出した各国固有の文化の出現の指標とされた契丹文字《きったんもじ》や西夏文字《せいかもじ》、金《きん》の女真文字《じょしんもじ》の制定も、中国文明に対抗する政治的な自意識の文化的表現という意味を内包しているだろう。だからこそ、北方の王朝の冊封を受けながらもそれに抗するように中国文明を思慕し続けた高麗は独自の文字を作らなかった。

国際社会のなかの平安日本

そうした点で、固有の文化として同様に扱われる日本の仮名文字《かなもじ》はやや性格が異なっている。そこに政治的な意図は見出しがたい。平安時代の貴族にとって権威を持つのはあくまで「真名《まな》」としての漢字・漢文であった。「仮名」は日本語をありのままに表記するための「仮」の文字であり、契丹文字などのように国家が制定したものではない。

平安時代には、「和」ないし「本朝」を「漢」と対置して、その文化のなかに「漢」と同質・同等な価値を見出そうとする自意識の高揚が確かにみられた。このような自意識は「本朝意識」と呼ばれる（小原仁《おばらひとし》「摂関・院政期における本朝意識の構造」『中世貴族社会と仏教』吉川弘文館、二〇〇七年）。しかしこの意識は前時代以来の日本が規範としてきた正統文化（中国の古典文化）への憧憬の裏返しであり、必ずしも同時代の中国（宋）を意識したものとは言えない。

このような違いが生じた原因は、十世紀以降の日本が政治的に国際社会から距離を置いていたためである。平安時代の日本にとって、周辺諸国との関係は貿易を主として政治を従とするものとなった。西嶋氏が見出した十世紀における政治から経済への転換とは、

「東アジア世界」の性格というよりもむしろ、国際政治の世界から離れた日本の特徴とみるべきではないだろうか。西嶋氏が中国中心の交易秩序を維持する政治機構の未成立を指摘した元《げん》代についても、それは主として中国と日本との関係であって、むしろ広大なユーラシア大陸はモンゴル帝国によって政治的・経済的に統合された時代なのである。

李成市氏が指摘したように、西嶋氏の問題意識は、戦後日本の現実的な課題と向き合うなかで、皇国史観《こうこくしかん》のような日本中心の独善的な歴史認識を克服し、世界史の文脈のなかで日本史を理解しようとする試みであった（「古代東アジア世界論再考」『歴史評論』六九七号、二〇〇八年）。だからこそ、その枠組みは日本史に最もよく当てはまる構図となっている。しかし、日本と対外世界との関係を「東アジア世界」の普遍性のなかに落とし込んだことで、かえって日本史特有の歴史性が見えづらくなってしまったという側面もあるだろう。王朝貴族の外交への関わり方を国際動向をふまえながら観察することで、周辺諸国とは異なる日本の立ち位置が、より鮮明に認識できたのではないだろうか。

あとがき

筆者が研究の世界に足を踏み入れるより少し前の一九九〇年代頃から、当時の海域アジア史の研究の隆盛にともなって平安時代の対外交流も見直しが進みはじめていた。いわゆる「遣唐使の廃止」以後も海外との交流は途絶えておらず、むしろ中国商人を介した人・物の盛んな交流のあったことが強く意識されるようになり、その相互に影響しあう実態を豊かに描き出そうとする大きな潮流は今日の研究にまでつながっている。

そうしたなかで本書は、あえて国家と国家の政治的な交渉（外交）に問題を絞って論じている。しばしば文中に「政治外交」という表現を使用したが、それも、ともすれば対外的な交際全般を広く包み込んで使われることもある「外交」の意味をできるだけ狭く限定して論じていることを示そうとする意図によるものである。

この時代には外交案件の審議に関わった貴族の日記が残されていて、外交文書の文面からだけでは知ることのできない政治の裏側を知ることができる。そのような希有な史料に基づき、論点を外交に絞ることによって、ただ様々な交流があったというだけではない、平安時代の日本と海外との関係性、国際社会のなかでの日本の立ち位置を明らかにしようとしたのが本書である。その目論みに成功しているかどうかは、読書の皆さんの目で確認してもらいたい。

本書のもとになった筆者の主たる論文は以下のものである。

①「平安貴族の対外意識と異国牒状問題」(『歴史学研究』八二三号、二〇〇七年)
②「日本古代の朝鮮観と三韓征伐伝説」(『文化交流史比較プロジェクト研究センター報告書』Ⅵ、二〇〇九年)
③「後白河法皇の阿育王山舎利殿建立と重源・栄西」(『日本史研究』五七九号、二〇一〇年)
④「後白河・清盛政権期における日宋交渉の舞台裏」(『芸備地方史研究』二八二・二八三合併号、二〇一二年)
⑤「寛平の遣唐使派遣計画の実像」(『史人』五号、二〇一三年)
⑥「国際環境のなかの平安日本」(大津透編『摂関期の国家と社会』山川出版社、二〇一六年)
⑦「東アジアのなかの日本律令国家「唐風化」再考」(『史学研究』三〇八号、二〇二一年)

これと並行して、平安時代の外交の個々のトピックスについて、国際的な背景の研究が日本史・東洋史など各分野の研究者によって進められてきた。それらの成果を踏まえて、あらためて平安時代の外交を一貫した視点で俯瞰的にとらえて叙述してみたいという想いを抱いていたちょうどその頃、思いがけず吉川弘文館編集部の若山嘉秀氏から、歴史文化ライブラリーの一書として本書執筆のお誘いをいただいた。全体的な構想を述べるには学術論文では難しい面もあり、一般書として執筆する機会を与えていただいたことは幸運であった。記して感謝申し上げたい。

生来の怠惰な性格のゆえに、依頼をいただいてから原稿の提出まで随分とお待たせしてしまったが、執筆に当たっては、関係史料の再検討からはじめ、勤務する広島大学総合科学部で教鞭をとるかたわら受け持つことになった文学部専門科目「日本古代研究」（二〇二一年度）の講義を通じて再考し、ようやく完成に漕ぎ着けることができた。付き合っていただいた学生諸氏にお礼を言いたい。

本書はあくまで平安時代の日本について論じたものだが、テーマの性質上、周辺諸国の動向に多くの字数を割いた。場合によっては日本のことよりも、それをとりまく国際状況の方が詳しい叙述になっているところも少なくない。それは、この時代の対外案件の多くが日本の意志の反映としてではなく周辺諸国の事情によって生じているため、その説明なしでは理解できないからであり、当時の日本と国際社会との距離を如実に表していると言えるだろう。

このような考察ができたのは、学生の時から参加してきた前近代海域アジア史の研究グループ「倭寇の会」の面々から問題意識や研究手法を学び、大きな刺激を受けてきたことによる。また、本書は出身の広島大学で諸先輩方が築き上げてきた「王朝国家論」の平安時代像、貴族観が根底にある。それらの薫陶なくして本書を書き上げることはできなかった。

本書は、史料解釈や事実認識の見直しによって、細かいところでは上記の論文とは異なる叙述になっている部分もままある。過去の自分の考察の不十分さに恥じ入るばかりであるが、記述が相違する場合、現時点での筆者の理解は本書にある。一般書という性質上、その違いを逐一記すことはできなかったが、ご了解いただきたい。

本書が平安時代の理解に少しでも資するところがあれば幸いである。

二〇二二年十二月

渡　邊　誠

著者紹介

一九七七年、岡山県に生まれる
二〇〇〇年、広島大学文学部史学科卒業
二〇〇五年、広島大学大学院文学研究科博士課程後期修了
現在、広島大学大学院人間社会科学研究科准教授、博士（文学）

〔主要著書〕
『平安時代貿易管理制度史の研究』（思文閣出版、二〇一二年）

歴史文化ライブラリー
567

王朝貴族と外交
国際社会のなかの平安日本

二〇二三年（令和五）三月一日　第一刷発行

著者　渡《わた》邊《なべ》誠《まこと》
発行者　吉川道郎
発行所　株式会社 吉川弘文館
東京都文京区本郷七丁目二番八号
郵便番号一一三―〇〇三三
電話〇三―三八一三―九一五一〈代表〉
振替口座〇〇一〇〇―五―二四四
http://www.yoshikawa-k.co.jp/
印刷＝株式会社 平文社
製本＝ナショナル製本協同組合
装幀＝清水良洋・高橋奈々

ISBN978-4-642-05967-1

歴史文化ライブラリー

1996. 10

刊行のことば

現今の日本および国際社会は、さまざまな面で大変動の時代を迎えておりますが、近づきつつある二十一世紀は人類史の到達点として、物質的な繁栄のみならず文化や自然・社会環境を謳歌できる平和な社会でなければなりません。しかしながら高度成長・技術革新にともなう急激な変貌は「自己本位な刹那主義」の風潮を生みだし、先人が築いてきた歴史や文化に学ぶ余裕もなく、いまだ明るい人類の将来が展望できていないようにも見えます。このような状況を踏まえ、よりよい二十一世紀社会を築くために、人類誕生から現在に至る「人類の遺産・教訓」としてのあらゆる分野の歴史と文化を「歴史文化ライブラリー」として刊行することといたしました。

小社は、安政四年（一八五七）の創業以来、一貫して歴史学を中心とした専門出版社として書籍を刊行しつづけてまいりました。その経験を生かし、学問成果にもとづいた本叢書を刊行し社会的要請に応えて行きたいと考えております。

現代は、マスメディアが発達した高度情報化社会といわれますが、私どもはあくまでも活字を主体とした出版こそ、ものの本質を考える基礎と信じ、本叢書をとおして社会に訴えてまいりたいと思います。これから生まれでる一冊一冊が、それぞれの読者を知的冒険の旅へと誘い、希望に満ちた人類の未来を構築する糧となれば幸いです。

吉川弘文館

歴史文化ライブラリー

〈謀反〉の古代史 平安朝の政治改革——春名宏昭
皇位継承と藤原氏 摂政・関白はなぜ必要だったのか——神谷正昌
王朝貴族と外交 国際社会のなかの平安日本——渡邊 誠
平安朝 女性のライフサイクル——服藤早苗
平安貴族の住まい 寝殿造から読み直す日本住宅史——藤田勝也
平安京のニオイ——安田政彦
平安京の災害史 都市の危機と再生——北村優季
平安京はいらなかった 古代の夢を喰らう中世——桃崎有一郎
天神様の正体 菅原道真の生涯——森 公章
平将門の乱を読み解く——木村茂光
安倍晴明 陰陽師たちの平安時代——繁田信一
平安時代の死刑 なぜ避けられたのか——戸川 点
古代の神社と神職 神をまつる人びと——加瀬直弥
古代の食生活 食べる・働く・暮らす——吉野秋二
古代の刀剣 日本刀の源流——小池伸彦
大地の古代史 土地の生命力を信じた人びと——三谷芳幸
時間の古代史 霊鬼の夜、秩序の昼——三宅和朗

中世史

列島を翔ける平安武士 九州・京都・東国——野口 実
源氏と坂東武士——野口 実
敗者たちの中世争乱 年号から読み解く——関 幸彦
平氏が語る源平争乱——永井 晋
熊谷直実 中世武士の生き方——高橋 修
中世武士 畠山重忠 秩父平氏の嫡流——清水 亮
頼朝と街道 鎌倉政権の東国支配——木村茂光
もう一つの平泉 奥州藤原氏第二の都市・比爪——羽柴直人
六波羅探題 京を治めた北条一門——森 幸夫
大道 鎌倉時代の幹線道路——岡 陽一郎
仏都鎌倉の一五〇年——今井雅晴
鎌倉北条氏の興亡——奥富敬之
鎌倉幕府はなぜ滅びたのか——永井 晋
三浦一族の中世——高橋秀樹
伊達一族の中世 「独眼龍」以前——伊藤喜良
弓矢と刀剣 中世合戦の実像——近藤好和
その後の東国武士団 源平合戦以後——関 幸彦
荒ぶるスサノヲ、七変化 〈中世神話〉の世界——斎藤英喜
曽我物語の史実と虚構——坂井孝一
鎌倉浄土教の先駆者 法然——中井真孝

歴史文化ライブラリー

親　鸞——平松令三
親鸞と歎異抄——今井雅晴
畜生・餓鬼・地獄の中世仏教史 因果応報と悪道——生駒哲郎
神や仏に出会う時 中世びとの信仰と絆——大喜直彦
神仏と中世人 宗教をめぐるホンネとタテマエ——衣川　仁
神風の武士像 蒙古合戦の真実——関　幸彦
鎌倉幕府の滅亡——細川重男
足利尊氏と直義 京の夢、鎌倉の夢——峰岸純夫
高　師直 室町新秩序の創造者——亀田俊和
新田一族の中世「武家の棟梁」への道——田中大喜
皇位継承の中世史 血統をめぐる政治と内乱——佐伯智広
地獄を二度も見た天皇 光厳院——飯倉晴武
南朝の真実 忠臣という幻想——亀田俊和
信濃国の南北朝内乱 悪党と八〇年のカオス——櫻井　彦
中世の巨大地震——矢田俊文
大飢饉、室町社会を襲う！——清水克行
中世の富と権力 寄進する人びと——湯浅治久
中世は核家族だったのか 民衆の暮らしと生き方——西谷正浩
出雲の中世 地域と国家のはざま——佐伯徳哉

中世武士の城——齋藤慎一
戦国の城の一生 つくる・壊す・蘇る——竹井英文
九州戦国城郭史 大名・国衆たちの築城記——岡寺　良
徳川家康と武田氏 信玄・勝頼との十四年戦争——本多隆成
戦国大名毛利家の英才教育 元就・隆元・輝元と妻たち——五條小枝子
戦国大名の兵粮事情——久保健一郎
戦乱の中の情報伝達 使者がつなぐ中世京都と在地——酒井紀美
戦国時代の足利将軍——山田康弘
足利将軍と御三家 吉良・石橋・渋川氏——谷口雄太
〈武家の王〉足利氏 戦国大名と足利的秩序——谷口雄太
室町将軍の御台所 日野康子・重子・富子——田端泰子
名前と権力の中世史 室町将軍の朝廷戦略——水野智之
摂関家の中世 藤原道長から豊臣秀吉まで——樋口健太郎
戦国貴族の生き残り戦略——岡野友彦
鉄砲と戦国合戦——宇田川武久
検証 長篠合戦——平山　優
織田信長と戦国の村 天下統一のための近江支配——深谷幸治
検証 本能寺の変——谷口克広
明智光秀の生涯——諏訪勝則

歴史文化ライブラリー

近世史

歴史文化ライブラリー

闘いを記憶する百姓たち　江戸時代の裁判学習帳――八鍬友広
江戸時代の瀬戸内海交通――倉地克直
江戸のパスポート　旅の不安はどう解消されたか――柴田　純
江戸の捨て子たち　その肖像――沢山美果子
江戸の乳と子ども　いのちをつなぐ――沢山美果子
江戸時代の医師修業　学問・学統・遊学――海原　亮
江戸幕府の日本地図　国絵図・城絵図・日本図――川村博忠
踏絵を踏んだキリシタン――安高啓明
墓石が語る江戸時代　大名・庶民の墓事情――関根達人
石に刻まれた江戸時代　無縁・遊女・北前船――関根達人
近世の仏教　華ひらく思想と文化――末木文美士
松陰の本棚　幕末志士たちの読書ネットワーク――桐原健真
龍馬暗殺――桐野作人
日本の開国と多摩　生糸・農兵・武州一揆――藤田　覚
幕末の世直し　万人の戦争状態――須田　努
幕末の海軍　明治維新への航跡――神谷大介
海辺を行き交うお触れ書き　浦触の語る徳川情報網――水本邦彦
江戸の海外情報ネットワーク――岩下哲典

文化史・誌

落書きに歴史をよむ――三上喜孝
山寺立石寺　霊場の歴史と信仰――山口博之
神になった武士　平将門から西郷隆盛まで――高野信治
将門伝説の歴史――樋口州男
空海の文字とことば――岸田知子
殺生と往生のあいだ　中世仏教と民衆生活――苅米一志
浦島太郎の日本史――三舟隆之
〈ものまね〉の歴史　仏教・笑い・芸能――石井公成
戒名のはなし――藤井正雄
墓と葬送のゆくえ――森　謙二
運　慶　その人と芸術――副島弘道
ほとけを造った人びと　止利仏師から運慶・快慶まで――根立研介
祇園祭　祝祭の京都――川嶋將生
洛中洛外図屏風　つくられた〈京都〉を読み解く――小島道裕
化粧の日本史　美意識の移りかわり――山村博美
乱舞の中世　白拍子・乱拍子・猿楽――沖本幸子
神社の本殿　建築にみる神の空間――三浦正幸
古建築を復元する　過去と現在の架け橋――海野　聡

歴史文化ライブラリー

歴史文化ライブラリー

闘いを記憶する百姓たち 江戸時代の裁判学習帳 ——八鍬友広
江戸時代の瀬戸内海交通 ——倉地克直
江戸のパスポート 旅の不安はどう解消されたか ——柴田 純
江戸の捨て子たち その肖像 ——沢山美果子
江戸の乳と子ども いのちをつなぐ ——沢山美果子
江戸時代の医師修業 学問・学統・遊学 ——海原 亮
江戸幕府の日本地図 国絵図・城絵図・日本図 ——川村博忠
踏絵を踏んだキリシタン ——安高啓明
墓石が語る江戸時代 大名・庶民の墓事情 ——関根達人
石に刻まれた江戸時代 無縁・遊女・北前船 ——関根達人
近世の仏教 華ひらく思想と文化 ——末木文美士
松陰の本棚 幕末志士たちの読書ネットワーク ——桐原健真
龍馬暗殺 ——桐野作人
日本の開国と多摩 生糸・農兵・武州一揆 ——藤田 覚
幕末の世直し 万人の戦争状態 ——須田 努
幕末の海軍 明治維新への航跡 ——神谷大介
海辺を行き交うお触れ書き 浦触の語る徳川情報網 ——水本邦彦
江戸の海外情報ネットワーク ——岩下哲典

文化史・誌

落書きに歴史をよむ ——三上喜孝
山寺立石寺 霊場の歴史と信仰 ——山口博之
神になった武士 平将門から西郷隆盛まで ——高野信治
将門伝説の歴史 ——樋口州男
空海の文字とことば ——岸田知子
殺生と往生のあいだ 中世仏教と民衆生活 ——苅米一志
浦島太郎の日本史 ——三舟隆之
〈ものまね〉の歴史 仏教・笑い・芸能 ——石井公成
戒名のはなし ——藤井正雄
墓と葬送のゆくえ ——森 謙二
運 慶 その人と芸術 ——副島弘道
ほとけを造った人びと 止利仏師から運慶・快慶まで ——根立研介
祇園祭 祝祭の京都 ——川嶋將生
洛中洛外図屏風 つくられた〈京都〉を読み解く ——小島道裕
化粧の日本史 美意識の移りかわり ——山村博美
乱舞の中世 白拍子・乱拍子・猿楽 ——沖本幸子
神社の本殿 建築にみる神の空間 ——三浦正幸
古建築を復元する 過去と現在の架け橋 ——海野 聡